「新たな価値の創造・共創」の時代の

実務家公務員の技術力

難波 喬司

発売元 静岡新聞社

目　次

第1章　はじめに ································ 7

（1）本書の趣旨 ······························· 7

（2）実務家公務員の仕事と求められる技術力 ········ 13

（3）実務家公務員の役割と求められる技術力の変化
　　…地方行政を例にして ······················ 16

（4）実務家公務員の技術力の課題 ················ 21

（5）本書の特徴 ······························· 26

（6）実務家公務員の仕事への矜持 ················ 27

第2章　実務家公務員の果たすべき役割と技術力の構造 ······ 29

（1）実務家公務員に求められる技術力の構造 ········ 29

（2）「水平総合の知」×「垂直統合の技術力」 ········ 30

（3）垂直統合の技術力の重要性 ·················· 33

（4）水平総合の知の重要性 ····················· 37

（5）技術力＝考え方×意欲×能力 ················ 40

（6）実務家公務員の技術力を高めるための69の技術 ······ 42

第3章　考え方（何をなすべきか）が最も重要 ·········· 47

（1）思想・見識・感性・判断力 ·················· 48

（2）時代認識 ································· 55

（3）仕事の構造・階層の理解 ··················· 59

（4）何をなすべきかを構想する力 ················ 62

第4章　意欲を高める ························· 87

第5章　能力を磨く ……………………………………… 108

（1）能力＝（結果を出す力）＝（情報収集力・分析力）＋（先見力・構想力）＋（論理構成力・問題解決力）＋（判断力・決断力）＋（伝える力）＋（共創力・協働力・実行力）＋（リーダーシップ）……………………………………… 108

（2）情報収集力・分析力 ……………………………… 108
（3）先見力・構想力 …………………………………… 133
（4）論理構成力・問題解決力 ………………………… 147
（5）判断力・決断力 …………………………………… 176
（6）伝える力 …………………………………………… 180
（7）共創力・協働力・実行力 ………………………… 192
（8）リーダーシップ …………………………………… 196

第6章　分野別の技術力 ……………………………… 202

（1）産業力を高めるための技術力 …………………… 202
（2）文化力を高めるための技術力 …………………… 212
（3）危機管理力を高めるための技術力 ……………… 218
（4）地域づくり力・観光地域づくり力を高めるための技術力 ………… 225
（5）組織の実行力を高めるための技術力 …………… 231

第7章　年代別で心掛けること ……………………… 251

第8章　おわりに ……………………………………… 264

（参考） 実務家公務員の役割と技術の事例…国家公務員として

「新たな価値の創造・共創」の時代の

実務家公務員の技術力

これからは「新たな価値の創造・共創」の時代です。地域は、中央政府の政策に受け身であることは許されません。どこにでもある地域づくりではなく、その地域の特性・場の力・人の力を生かして新たな価値を創造し、独自の魅力ある地域づくりによって明るい未来を切り拓いていく必要があります。今後の地域の問題解決には、行政機関がこれをすれば足りるということはまずありません。地域ぐるみ、社会総がかりで臨み取り組んでいく「共創」が必要です。

　地域の明るい未来のためには、地域の実務家公務員 (注) の活躍が不可欠です。実務家公務員にとってはますますやりがいのある時代になったといえます。ただ、新しい時代であれば、実務家公務員も、それに対応した「技術力」を磨くことが求められます。

　本書は、筆者が2014年5月から2018年5月までの4年間、川勝平太静岡県知事のご指導のもと、日々の業務の中で同僚職員と議論し、"新しい時代にはこういう技術力が重要ではないか"と考える事項を整理したものです。実務家公務員が持てる技術力を自己評価し、意識改革し、自分磨きをしていく参考・一助となるよう心掛けました。

　実務家公務員の仕事ぶりは現在、社会的にどう評価されているでしょうか。非効率で創造的ではないと見られているかもしれません。しかし、意外にそうではありません。本書を通じて、実務家公務員も"いろいろ考えているな""もっと頑張れ"と思っていただけたら幸いです。逆に"その程度か""もっと努力しろ"という批判を受けたなら、それを糧に、さらに技術力を磨いていく所存です。

　また、若い方々が、実務家公務員の仕事は、"やりがいがありそうだ""自分の力を試してみたい"と興味を持ち、この仕事に就いてみようと思ってくださることを期待しています。

　(注) 地域の実務家公務員：地方自治体又は国の出先機関の実務家公務員

第1章

はじめに

(1) 本書の趣旨

　国の重要な政策決定や国際交渉など、国益に直結する仕事に携わる公務員、いわゆる「官僚」もいるが、公務員の大半は比較的狭い分野あるいは地域的範囲の諸問題を扱う「実務家」である。この実務家の仕事ぶりが社会の問題解決や新たな価値づくりに大きく影響する。なぜなら、具体的な政策・施策を立案し、それを現場に適用・実行し、結果を出す役割を担っているからである。特に、地方自治体の行政においては、実務がほとんどであり、実務家の力量が地域の明るい未来の鍵となる。

　そこで、本書では、このような公務員を「実務家公務員」と呼ぶことにする。ここで「家」としたのは、矜持（自信と誇り）を持ってもらいたいがためである。本書は、まじめに一生懸命頑張る「実務家公務員」が仕事の技術力を磨いていくための参考書を目指した。(注1)

　日本は今、これまでの単純な延長線上には明るい未来を見いだせない時代だ。モデルとなる先行事例の模倣や後追いではなく、自らの手による"新たな価値の創造"こそが必要である。そして、その"新たな価値"は、行政機関へのお任せ型ではなく、地域ぐるみ、社会総がかりによって創っていく「共創」でなくてはならない。これからの実務家公務員は、「新たな価値の創造・共創」の時代に対応した新たな「技術力」を磨くことが求められる。

　筆者は、これまで国の機関（運輸省、国土交通省、外務省）で30

年間、地方の機関（茨城県、静岡県）で7年間、実務家公務員として仕事をしてきた。その経験を通じて"新たな価値の創造・共創の時代に対応した技術力"を磨く必要性に思い至り、仕事の仕方（技術力）について、日々、自分の頭の整理としてまとめ、書き足してきた。その内容の一部を講演や研修会などで話したところ、多くの実務家公務員から、「分かりやすい」「目からうろこが落ちた」などという声をいただいた。また、公務員以外の方からも、「実務家公務員のものの考え方や仕事のやり方をはじめて聞いて新鮮だった」との感想をいただいた。このような反応は、実務家公務員の技術力について、直接、参考となる書物がほとんどなかったからかもしれない。

　そこで、実務家公務員が、自己研鑽により、技術力を高めるための分かりやすい参考書となるよう、技術力の体系的な整理を試みた。本書では、実務家公務員が持つべき技術力を、

　技術力＝考え方×意欲×能力＝水平総合の知×垂直統合の技術力

とし、特に、注意が必要な技術力を69項目取り上げた。行政機関で禄（ろく）を食む実務家公務員にとって重要な「69（ろく）」という思いを込めている。

　そして、69項目の1つ1つに、日々の仕事の中で起こりそうな、できるだけ具体的かつ小さな事例を取り上げている。多くの方が、「あるある」「そうそう」と共感を持って読んでいただけるよう心掛けた。

　とはいえ、所詮、個人でまとめたものであり、筆者の技術力のレベルにも限界がある。「何だその程度か」と評価されることは覚悟の上である。「いや、もっとこういうことが大事だ」という意見や批判は大歓迎である。それこそが本書の狙いである。それによって、社会全体でこれまであまり取り上げてこられなかった実務家公務員の技術力についての議論が深まることを期待している。(注2)

　私自身も、「愚者は教えたがり、賢者は学びたがる」というアントン・チェーホフの言葉を心におき自ら学び続けたい。

（注１）「実務家公務員」という言い方は、しっくりこないという声もある。「官僚」といわれる「国家の政策決定に影響力を持つ国家公務員」の役割も重要だが、同時に、地域やある専門分野の固有の問題についての政策立案や現場での施策の実行、すなわち「実務を行う公務員」の役割が明るい未来のためには重要と考え、本書ではあえて、「実務家公務員」と呼ぶことにした。

（注２）地域の総生産において、公的部門（政府サービス生産者）が占める割合は約７％（静岡県の例）であり、重要な産業分野であるとともに、その活動が社会全体へ与える影響も大きい。本来であれば、地域行政経営学という学問分野があってもおかしくない。上山信一著『「行政経営」の時代』などの書もあるが、まだまだ、学問分野とまでは認識されていないように思う。このこともあって、地域行政機関の"経営"は、首長やその下の実務家公務員が手探りで進めていると言っても過言ではない。それでは、同じようなところで悩み、つまずき、立ち止まるということになりかねない。もちろん本書は、地域行政経営学のような学術書ではないが、地域行政経営における実践の参考になればと思っている。

　本書をつづっていることを知った先輩から次のように言われた。「あの君がこのようなことを書くようになったか。信じられない。若い頃の君はとんでもないやつだった。ただただ自分の論理を振りかざす。視野も知識も狭く貧しく、性格も尖っていた」。確かに、そのころ（20代）を振り返るとひどいものだった。

　ここで、筆者の自己紹介をさせていただきたい。筆者は、城山三郎の「官僚たちの夏」を読み、高度経済成長に貢献した通産官僚たちの姿に憧れ、また、鹿島港などの臨海工業地帯、港湾整備で日本の高度成長に貢献した旧運輸省の仕事に関わりたいと思い、1981年、24歳で旧運輸省に技術系（土木）の公務員（いわゆる技官）として入省した。港湾・空港を専門分野とし、その政策の立案と現場の事務所での港湾・空港の整備事業などに携わった。旧運輸省は、2001年に旧建設省などとの統合により国土交通省となり、2014年４月に大臣官房技術総括審議官を最後に退職した。その後、2014年５月から2018年５月までの４年間、静岡県副知事を務めた。ほぼ同時期に、2014年から３年間、京都大学経営管理大学院客員教授、2015年から２年半、慶應義塾大学特任教授（大学院政策・メディア研究科）を務めた。

　これまでの仕事では、2006年から３年間携わった「羽田空港の第四滑走路（通称Ｄラン（注１）の増設事業」が最も印象に残っている（巻末の

「参考」に概要を記載）。滑走路１本の増設に7000億円以上を要する一方、社会的便益（注2）も、年間1000億円以上、１日３億円に上る大事業だった。特殊な事情があって、供用開始時期に漁業者をはじめとする利害関係者との合意形成が大きく影響するものだった。その合意形成をできる限り短期間に図り、東京湾の環境再生についても多様な人々の協働の意識醸成というレガシー（注3）を残すことができた。自分なりに大きな手応えを感じた。

　関わった技術系の仕事については、できるだけ紙に書いて整理し、あるいは分析し、それを学術誌や専門誌に投稿することを心掛けた。それらを編集し、2005年、48歳のときに名古屋大学から論文博士号（工学）を与えられた。研究の職に就いたことのない者が論文博士号を取得するのは珍しいとのことだった。

　入省したての頃は、志と意欲は高かったものの、自分の能力の低さを知り、上司の能力の高さに驚いた。この世界で本当にやっていけるのかと不安が募った。しかし、改善へ努力は続けた。職場でのOJT（仕事を通じて技術力を高める職場内訓練）（注4）で学ぶことはもちろん、読書などによる自己研鑽で知識・技術力を高めるよう努めた。とりわけ、大きく欠けていた法律や経済学については精力的に学んだ。何度も仕事でつまずき、失敗し、悩み、試行錯誤をした。多くの人に多大な迷惑も掛けた。

　そして現在、筆者は、60歳を超え、公務員としては卒業の時期が近づいている。実務家公務員として、決して派手ではないが、多くの先輩や同僚に支えられ、成果を挙げ社会に貢献してきたとの実感と矜持がある。公務員としてたいへん幸せなことであり、多くの方に感謝したい。同時に、ああすればもっとうまくできたのではないか、あるいはあれは失敗だったという反省も残る。

　実務家公務員の仕事の技術はOJTで学ぶことがほとんどである。私も、日々の仕事で得た教訓や反省を糧にし、自分磨きを続けてきた。ただ、残念ながら、"所属した組織の中で、問題の解決力や組織のマネジ

メントなどについて「技術」を体系的に教わった経験はない”と断言できる。何度か受けた研修も、何らかの糧にはなっているのだろうが、役に立ったという実感がほとんどない。

ビジネス街の本屋に行くと、経営学から現場での行動学、あるいははっきり「仕事術」と銘打ったものまで自己啓発に役立ちそうな本があふれている。例えば、経営学でいえば不朽の名著ともいえるドラッカーの「現代の経営」、そして「ANA が大切にしている習慣」（扶桑社新書）のような現場の行動方法をまとめたものなど、枚挙にいとまがない。しかし、行政実務に関する本はほとんどないに等しいといえる。(注5)

そこで、筆者は、優れた学者、経営者、識者らの本を読み、参考にし、実践し、自家薬籠中のものにしようと努めてきた。そして、行政の実務の場で、技術力・仕事の進め方について同僚らとの議論を重ねてきた。とりわけ静岡県庁での 4 年間の総合行政の場での議論は有意義で、最近になって、ようやく“「新たな価値の創造・共創」の時代に対応した「技術力」とはこういうもの”と意識できるようになった。もちろん、時代の変化のスピードは速く、まだまだ日々学ぶべきこと、教えられることは多く、学びの連続である。

実は、私が取ってきた自己研鑽の方法は、この上なく非効率だった。背景には、実務家公務員に求められる技術力は、行政組織特有なものも多いにもかかわらず、前述の通り参考となる書がほとんどないという状況がある。非効率は、技術力の身に付き方が遅くなることを招き、未熟な技術力や試行錯誤による失敗で社会に迷惑を掛けることにつながりかねない。これから先、多くの若手の実務家公務員が、私と同じ轍を踏むことを危惧する。若手の皆さんには、もっと高い技術力をより早く身に付けていただきたい。そして、ある程度経験を重ねた方は、自分の技術力を見つめ直すことが必要である。そう考えて、本書を執筆することにした。「あなたの技術力はその程度か」という批判は覚悟の上である。

「技術力」を「知」「知性」と言う場合もあるが、本書では、実務家らしく「技術力」で通した。ただし、理系的な技術に限るものではなく、

第 1 章　はじめに　　11

また技法や技能を指すのでもない。

　また、「仕事術」という言い方もあるが、一般には、これには上司との付き合い方のような処世術が含まれがちである。本書ではそれにはまったく触れていないので、あえて使わないことにした。

（注1）Dラン：Dランウェイ。羽田空港には、現在、A、B、C、Dの4本の滑走路（ランウェイ）がある。
（注2）社会的便益：ある特定の主体にもたらされる利益ではなく、広く社会全体にもたらされる便益のこと。「便益」は、経済的利益だけでなく、利便性や快適性の向上なども含まれる。
（注3）レガシー：Legacy。遺産。かつては「レガシーシステム」のように、過去に築かれた“時代遅れのもの”という意味で使われることが多かったが、最近では“オリンピックのレガシー”というように、将来にわたって良い遺産として残すべきものという意味で使われることが増えた。
（注4）OJT：On the Job Training。職場における具体的な仕事において（on the job）仕事に必要な知識・技術等を指導し、修得させる訓練・人材育成方法。
（注5）例えば静岡駅前のある書店では「仕事術」という棚に約600冊が並んでいるが、行政実務の仕事術の本は1冊もない。

(2) 実務家公務員の仕事と求められる技術力

　実務家公務員の仕事の内容を「定型／日常型業務」「社会問題の解決」「新たな価値の創造」の３つに分ける。このうち、「社会問題の解決」と「新たな価値の創造」は、相互に関係する。例えば、地域の経済産業政策の立案・実施、文化振興、まちづくりなどは、社会の複雑な構造や利害関係を考慮の上、解決策を見つけ出していくものであろうし、新しい制度や社会の仕組みなどの新たな価値をつくっていくことにもつながる。そこでは、社会で起きていること、起きるであろうことを直視・先見・想像・分析し、課題の本質を発見する能力や、何が正解か分からない問題を解く能力、そして、構想力・創造力が求められる。これらの技術力が、政策を実効あるもの（成果）とするために不可欠である。

　「定型／日常型業務」は、市役所の窓口業務のような手続き関係や、法律や条例、制度などに基づく事務処理である。そこでは決められた規則や手順通りきっちり処理することが大事である。この業務においても、様々な考慮事項や裁量事項が伴うので、工夫や改善が求められる。

実務家公務員の仕事

仕事の内容	定型／日常型業務	社会問題の解決	新たな価値の創造
求められる技術力	決められたように適切かつ効率的に事務処理を行う力 テクニカルスキル	課題を発見し、その解決方法を見出すための考え方×意欲×能力 ヒューマンスキル コンセプチュアルスキル	あるべき姿の構想力その実現のための道筋・方策の設計力 ヒューマン・コンセプチュアルスキル＋構想力
技術力の向上方法	OJT TQC活動 自己研鑽	OJT 研修 自己研鑽	感性を磨く研修？OJT？ 自己研鑽
評価	システムあり	システムが不十分（現在のOJT、研修では十分身に付かない）	システムが不十分（現在のOJT、研修では身に付かない）

第１章　はじめに　　13

これについては、職場内の業務改善運動（例えば TQC (注1)）などの具体的な方法論があり、実行され、成果が出ている。(注2)

一方、「社会問題の解決」「新たな価値の創造」は、技術力や仕事の生産性の改善の仕方が「定型／日常型業務」とは異なる。

これらについても、政策評価など PDCA サイクル (注3) の手法が導入され、ある程度は効果を上げている。しかし、成果に高低がつけられ、なぜ低評価に終わったのかという分析はなされても、それに基づく具体的改善方法の提言は少ない。このように、「社会問題の解決」「新たな価値の創造」については技術力の改善の余地が大きい。(注4)

（注1）TQC：Total Quality Control。総合的品質管理又は全組織的品質管理の略。
（注2）例えば、静岡県においては、1998年から全員参加による改革・改善運動「ひとり1改革運動」を続けている。職員一人ひとりが身近な業務を見直して、改革・改善を行う運動で、「早く、ムダなく、いい仕事」をスローガンにして県庁を挙げて取り組んでいる。2017年度の実績では、19,984件の取り組みがあった。地方行政の実務家公務員の仕事は「定型／日常型業務」が多いことから、この改革・改善は極めて重要である。新しい価値（新しい方法）を生み出し、「社会問題の解決」にもつながっている。
（注3）PDCA サイクル：Plan-Do-Check-Act Cycle。3章の⑨で詳しく述べる。
（注4）：R. カッツは、マネージャーに必要な能力を、テクニカル・スキル、ヒューマン・スキル、コンセプチュアル・スキルの3つに分類している。本書で扱う「社会問題の解決力」は、このヒューマン・スキル（相手や社会の言動・動きを観察、分析し、目的を達成するために、相手に対してどのようなコミュニケーションや働き掛けをするかを判断、実行できるスキル）、及びコンセプチュアル・スキル（周りに起こっている事柄や状況を構造的、概念的に捉え、事柄や問題の本質を見極める能力）に属する。さらに「新たな価値の創造力」は、この2つのスキルとともに、先見力・構想力を含む。

カッツ理論

トップマネジメント	ミドルマネジメント	ロワーマネジメント

コンセプチュアルスキル(概念化能力)

ヒューマンスキル

（対人関係能力）

テクニカルスキル（業務遂行能力）

（注）どのマネジメントにおいてもヒューマンスキルが50％以上を占め、重視されている。

（3） 実務家公務員の役割と求められる技術力の変化…地方行政を例にして

1） 地方行政組織の役割の変化

> 人口減少対策、健康寿命延伸、医療費抑制、観光地域づくりなど、地方行政において取り組むべき課題は様々であり、どれも深刻である。解決のためには、中央政府の政策への受動ではなく、それぞれの地域の特性を踏まえた能動が必要である。地方行政に求められる役割の変化に対応して、実務家公務員の技術力も変化していかなければならない。

かつては、多くの地域において、日本全体の経済成長・人口増加の中で (注)、中央政府の政策に従って、住民サービスを提供しつつ、その中で生じる様々な問題を解決していれば一定の成長のシェア（分配）を確保できた。しかし、近年は経済成長の鈍化、人口減少が顕著となり、他と同じ行政サービスをしていては、より魅力ある（と思う）ところへ、人口は移動してしまう。地域は、受け身になって分配されるのではな

地方行政組織の役割の変化

かつて （成長期）

定型業務及び受託業務／社会問題の解決／新たな価値の創造

これから （転換期、成熟期）

定型業務及び受託業務／社会問題の解決／新たな価値の創造

時代の変化

背景：経済成長・人口増加の中で、住民サービスを提供しつつ、その中で生じる様々な問題を解決していれば一定の成長のシェア（分配）を確保できた

手法：フォアキャスティング
　　　現状改善策・部分最適
　　　行政が主体
　　　縦割行政

背景　経済成長の鈍化、人口減少社会の中で、他と同じ行政サービスをしていれば、より魅力あると（思う）ところへ、人口が移動する。分配を受けるのではなく、能動が必要

手法：バックキャスティング
　　　全体最適＋部分最適
　　　共創、協働（地域ぐるみ、社会総がかり）
　　　総合行政、プラットフォームづくり

く、能動が必要である。例えば、「日本一子育て環境のよいまちにする」という目標を掲げ、保育園の待機児童ゼロや高校生までの医療費無料化を他地域に先駆けて実現するなどの取り組みや、地域の個性を活かした住んでみたいと思える魅力ある地域づくりが求められる。

　このような地方行政の役割の変化に対応して、行政手法及び実務家公務員の技術力も変化しなければならない。地方自治体においては、組織全体として、あるいは公務員一人ひとりが、このような変化、特に「新たな価値の創造」が必要であることを意識・認識し、行動していかなければならない。

（注）人口増加により国民総生産額は拡大する。人口増加ボーナスと言われる。この逆は人口減少オーナス（onus。重荷、負担）で、１人当たり生産額（生産性）が向上しなければ、総生産額は縮小する。

２）実務家公務員の仕事の変化の事例……観光地域づくり

> 　観光政策は、「観光地／づくり」から「観光／地域づくり」（観光を核とした地域づくり）へ変化した。そこでは、地域ぐるみ、社会総がかりによる地域づくりを行う技術力、すなわち「共創力」が求められる。

　観光地域づくりについて考えてみよう。

　以前は、「観光地づくり」といっていたが、最近では「観光地域づくり」ということが多い。字面では単に「域」が入っただけの違いだが、内容は質的に大きく異なる。

　「観光地づくり」は、集客施設づくり、プロモーションなどによって集客力を高める、という主として観光業に関する取り組みである。もちろんこの結果として地域が潤う。これは「観光地／づくり」であり、県庁でいえば「観光局」のようなところが、観光事業者といわれる人たちと連携すればそれなりの結果がでる。

　一方、「観光地域づくり」は、観光による、あるいは、観光を核とし

第1章　はじめに　　17

た「地域づくり」を意味する。景観や生活文化などの地域全体の魅力を高め、それに魅かれて観光客が訪れ滞在するような地域づくりを行う「観光／地域づくり」であり、観光事業者だけでなく、様々な関係者とともに取り組んでいく。地域密着型の総合行政機関である県や市町村の取り組みが重要になる。

この観光地域づくりは、地域ごとにその地域の特性や場の力を活用して行うため、当然地域によって異なる。推進していくためには、例えば以下の技術力が求められる。

ⅰ）分析力（マーケティング力）：地域の場の力や個性、課題を理解し、市場の現状と将来動向をデータに基づき調査・分析し、観光地域づくりの課題を整理する力

ⅱ）目指す姿（ビジョン）の提案力：地域の場の力や個性を踏まえ、その地域の目指す姿、将来像を描き、地域で共有する力

ⅲ）総合行政のマネジメント力：総合行政機関である地方自治体の力を総合し、目指す姿を実現する戦略・戦術を策定し、実行する力

ⅳ）共創力：地域ぐるみ、社会総がかりで取り組んでいくための思いと技術力

これは、これまで地方自治体職員が取り組んできた仕事内容とは大きく異なる。これに対応した技術力を磨くことが不可欠となる。

「観光地／づくり」 vs 「観光／地域づくり」

光を観（物見）に訪れ、泊まってもらえる観光地づくり ・観光対象：点、モノ 大都市圏の旅行代理店等からの送客受け地（待ち）	個性ある地域の魅力を、観（体験し）に来たくなる地域づくり。居心地がよいので、結果として長く滞在、宿泊 ・観光対象：人、地域の営み（コト）、文化 **地域全体として自ら顧客を選択** （地域主導型）
↓	
より多くのお客様から選択されるようにする 選択してくれた人をもてなす	地域が自ら地域の魅力を高め、それを評価してくれる顧客に来てもらう

「観光地域づくり」の時代へ ～「観光」による「地域づくり」～
（地域づくりの手段として観光を利用）

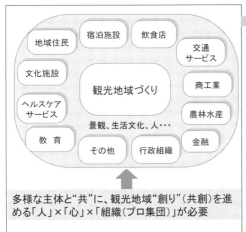
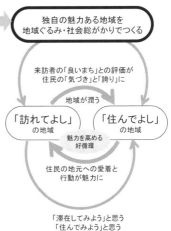

参考 地方行政における実務家公務員の仕事の変化の事例…港湾行政

　経済が順調に伸びている時代は、港湾における貨物の取扱量が増え、船が大型化するので、過去から現在までの延長線に未来を置く「フォアキャスティング型」思考により、トレンドラインで需要を予測し、それに対応して新しい岸壁をつくるなどのハード整備を行ってきた。そして、この公的な施設である岸壁を民間事業者が使う際の使用許可などを行う「公物管理」が重要だった。

　しかし、経済成長の鈍化に伴い、ハードの量的整備の重要性は相対的に小さくなり、むしろこれまで蓄積したストックをどう高質化し、有効に使い、いかに港や地域の活力・魅力を高めるかという港湾経営やみなとまちづくりを総合した地域経営が必要になってきた。今や、これまでの単純延長上に将来を置いてはいけない。将来のあるべき姿を描き、それを実現するための方策を考える「バックキャスティング型」の思考が求められる。そして、地域経営のためには、総合行政、すなわち、都市行政や文化行政、経済産業行政などを総合した取り組みが必要であり、また市民や企業と連携した地域ぐるみ、社会総がかりの対応が欠かせない。

　このように、港湾行政の役割は変化し、それに伴い、当然実務家公務員の役割も変化している。

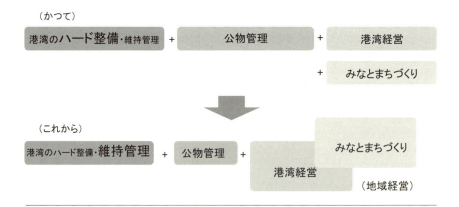

（4）実務家公務員の技術力の課題

　　実務家公務員が活躍するためには、行政組織特有の「仕事の技術力」が必要である。また、時代の変化に伴い、求められる技術力も変化する。特に、これまでの単純延長上に明るい未来を見いだせない現代においては、「複雑な社会問題の解決力」と「新たな価値の創造力・共創力」が必要であり、そのためには、バックキャスティングなど、これまでとは異なる技術力が求められる。

　　しかし、37年間以上、この実務家公務員を続けている者としての内部からの目で見ると、実務家公務員の技術力は、時代の変化に十分に対応できていない。

　　その原因として、次の2つを挙げたい。

　ⅰ）行政組織の役割が変化しているにもかかわらず、公務員の技術力がそれに対応していないことへの気付きの鈍さ

　ⅱ）「組織や個々の職員の能力を高めるシステム」の不十分さ

「お役所仕事」という言葉がある。法律や規則・マニュアルに縛られ、ただ前例を踏襲するだけで、形式主義、不親切（心がこもっていない）、事なかれ主義、非能率・非効率・低生産性に陥った仕事ぶりをいう。

　確かに、そういう仕事ぶりの公務員も少なくない。一方で、困難な課題解決のため、法律や規則・マニュアルに縛られることなく、厚く固い岩盤の向こうにある出口に向かって、心を込めて利害関係者と調整を図り、新しい仕組みを編み出し、協力者や理解者を得て、コツコツと岩盤を砕き掘り進んでいく人も結構いる。

　しかし、それでもよい結果を早く出せるとは限らない。なぜなら、よい結果を出すには「技術力」が必要だからである。社会環境が大きく変化する中、技術力も新しい時代に対応したものでなければならない。

　日本の行政組織は、職員の能力向上に努めてはいるが、十分効果をあげているとは言い難い。原因として、次の2つを挙げたい。

第1章　はじめに　　21

ⅰ）行政組織の役割が変化しているにもかかわらず、公務員の技術力が
　それに対応していないことへの気付きの鈍さ（技術力の陳腐化に気付
　いていない）

　今の日本は、これまでの政策・施策の踏襲ではなく、目指すべき未来
図を描き、現在の状況からどうやって実現するかの道筋を考えるとい
う、バックキャスティング型(注)の政策立案と実行が求められている。
そして、その政策の実現のためには「新たな価値（新しい制度や仕組
み、サービス、新技術の開発など）の創造」がこれまで以上に必要な時
代を迎えている。

　しかし、日常業務に追われている者は、日々の業務、与えられた業務
をこなすことに精いっぱいで余裕がない。幹部職員であっても、これま
での仕事が「受け身」中心だったため、新たな価値の創造をした経験が
乏しい者もいる。求められる技術力の変化に気付かず、気付いてもこれ
まで蓄積してきた技術に頼り、新たに学習して適応・成長していこうと
する意欲が乏しくなりがちだ。その結果、時代認識を持たず、過去の延
長上の施策をKKO（勘・経験・思い付き／思い込み）で進めようとす
る次のような上司が蔓延することになる。

　　上司：「この問題は、自分の長年の経験と勘によれば、○○というこ
　　　　　とだ。だから、（思い付き／思い込みの）△△という方法で解
　　　　　決するように」

　　若手：「いやそれは論理的に考えて、ちょっと違うと思いますが……」
　　　　　あるいは
　　　　　「いや今はそういう時代ではないと思います。そのやり方では
　　　　　社会の理解は得られないと思いますが……」／「このようにし
　　　　　たいのですが……」

　　上司：「経験の浅い君に何が分かる。／現場は理論通りにはいかな
　　　　　い。／君のやり方はリスクが大きすぎる。／失敗したら責任が
　　　　　取れるのか。やめとけ。／俺の言う通りにやれ」

　首長は、この大変化に気付き、自らメッセージを発するとともに、組
織体制の変革と職員の意識改革を試みる。組織体制の変革は、すぐに効

果が出始めるが、組織文化や個人の意識改革は容易には進まない。

(注) バックキャスティング：目標とする将来の社会の姿を想定、設定し、その姿から現在を振り返って今何をすればよいかを考えるやり方。現状の継続では破局的な将来が予測されるとき、あるいは将来に大変革が予想されるときに用いられる。詳細については第3章⑥を参照。

ⅱ)「組織や個々の職員の能力を高めるシステム」が不十分なこと（組織の人材育成システムの問題）

　各行政機関は、実務家公務員の技術力を上げるべく、人材育成のための「研修」を様々な形で行っているが、その時間は一般的に短い。ほとんどの職員は仕事術を OJT で学ぶことになる。この方法では、優れた組織であれば、優れた人材が育つが、凡庸な組織では、人が育ちにくい。さらに、これまで優秀だった組織のシステムと人材像・技術力が将来にわたって通用するとは限らない。前述の通り、求められる技術力は変化している。従って、これまでの「技術伝承型 OJT」だけでは時代の変化に対応した技術力が身に付かない。これまでの単純延長線上にはない技術力の習得のためには、人材の育成方法も"非連続"な対応を取らねばならない。

　これに、コミュニケーション方法の変化の問題が加わる。最近の若い世代は、相手の懐に飛び込むような深い議論を避ける傾向にあり、また、対面による直接のコミュニケーションを避け、メールや SNS 等の非対面型でのやりとりを好む (注1)。また、怒られること、注意されることに慣れていない。行政組織でも、このような世代の職員の比率が増している。かつてのように鬼軍曹的な上司が口頭で厳しめの指導をすると、しばしば、職員のメンタルを傷つけかねない。その結果、指導しない、注意しない（できない）上司がほとんどとなる。

　外部とのやりとりも以前は面談や電話などが中心だった。行政組織は一般に大部屋制を取っているので、門前の小僧ではないが、そこで職員は周辺から聞こえてくる生の声によって自然に学ぶことができた。しかし、今や、連絡調整はメールでのやりとりが中心となり、近くの人との

意見交換さえメールで行うこともある。同じ職場にいても誰が誰と何をしているのか分かりにくくなっている。このため、「横から自然に学んで技術が伝承される」という機会が減っている。

かつてのように上司や先輩が指導し、それで技術力が向上していくという「縦序列の指導型OJT」は機能せず、培ってきた技術力を伝える「技術伝承型OJT」も不十分である。もはや「縦序列の指導・技術伝承型OJT」(注2)は成り立たない。しかし、行政組織はいまだにこの型のOJTに頼りがちで、それに代わる人材育成システムも不十分である。

このような原因を抱えたまま、10数年後、中堅幹部職員に昇格したかつての若手は仕事をどう振り返るだろうか。

「若いときは上司のKKOに反発していた。自分なりに仕事のやり方は磨いてきたつもりだが、いつの間にか、自分もKKO型上司になってしまった。考えてみると、自分には技術力として説明できる体系立ったもの（芯）がないなあ」とため息をつくことにもなりかねない。

あるいは、こんな組織・上司のもとではやっていられないと、その職場を去っていくか、留まって流されるだけの日々をただ過ごすだけとなるかもしれない。

多くの若手の公務員が、社会に貢献できる人材になりたいと願っており、日々の仕事に邁進している。しかし、今のような人材の育成システムではいつの間にか若手もKKO型上司に陥らせる恐れがある。

実務家公務員の技術力が上がらない理由を認識した上で、技術力を高める方法を考える必要がある。

本質的には、地方行政組織における「人事システムの問題」(注3)であり、これを変革しなくてはならない。しかし、これは本書の目的である「実務家公務員が自分磨きとして技術力を高めるための方法」の範囲を超えている。

人事システムや研修システムの改革・改善については、別途行われることを期待しつつ、実務家公務員が自己研鑽で、技術力を磨くための参考となる69の事項を述べていく。

（注１）非対面型のコミュニケーションは、情報伝達の早さ等の様々なメリットがある一方、表情・身ぶり・仕草等の非言語情報を理解・表現する機会の喪失、気の合わない人間関係を排除しがちといったデメリットがあるといわれている。

（注２）：縦序列の指導・技術伝承型 OJT

　先輩や上司が後輩や部下を職場の中で育て技術を伝承する、という「縦序列の指導・技術伝承型 OJT」は、かつては日本の優れた指導方法とされてきた。企業においては組織のフラット化が進んでいるが、行政組織はいまだに階層的・年功序列型、終身雇用組織である。そこでは、構造的にこの形の OJT が機能しやすいはずである。そのためか、国、地方に限らず、行政組織全般に、"試験の成績優秀者が、定期的な人事異動によって幅広いスキルを OJT で学べば、問題解決力や組織のマネジメント力が自然に身に付く"という誤解があるように思える。実態はそのように機能していない。

　行政実務では、「社会の声を聞き、社会の問題を発見し、多様な利害関係者の反応に不確実性がある中、そして正解があるかどうかも分からない中、より適切な解を求めて悪戦苦闘しつつ解を選定し、それを社会に適用し、その効果や社会の反応を見て方法を修正していく能力」が重要である。「正解のある問題を解く能力」が問われる試験の成績優秀者であっても、この行政実務能力が優れているとは限らない。だから行政実務能力を磨く特別の学習が必要である。とりわけ、最近では、社会環境の変化に伴い求められる技術力も変化している。現在は「新たな価値（新しい暮らし方・文化、新しい制度や仕組み、新技術など）の創造・共創の技術力」がこれまで以上に求められている。新たな技術力の習得には「技術伝承型 OJT」は機能しにくい。

（注３）：人事システムの問題

　人材育成戦略としての本質的な問題は人事システムの問題であろう。日本の行政組織、特に地方自治体においては、戦術の策定レベルの仕事に長く従事する。県庁の組織では、部が最上位で、その下に局・課・班というピラミッド型組織構造を取るのが一般的である。各人は、自分の限られた権限と部下を使って、上司から与えられた課題を戦術により解決する時期が長く続く。早い人でも50歳直前になって課長、54歳で局長、そして57歳で部長という最上位の職階になる。そして、60歳で定年退職する。そこでは、優れた戦術家が育っても、戦略や作戦を立てる能力は磨きにくい。このように育ってきた人が上位の職階・職責となったとき、今度は、戦略を立てよ、と言われる。

　従来型のキャリアアップの組織では戦略が立てられる人材は育ちにくい。これこそ本質的かつ深刻な問題である。

(5) 本書の特徴

> 本書においては、これからの実務家公務員に必要な「技術力」を、
>
> 技術力の全体像＝「水平総合の知」×「垂直統合の技術力」
>
> 技術力＝考え方×意欲×能力
>
> とする。技術力を構成する69項目の要素を取り出し、何をすべきか
> を示す。各項目には、できる限り具体的事例を示し、実務家公務員
> が仕事の中で直面する問題として実感できるようにした。本書が、
> 「実務家公務員が、自らの使命と役割を認識し、矜持を持ち、自己
> 研鑽によって、技術力を磨き、結果を出せるようになるための一
> 助」となれば幸いである。

　行政組織、とりわけ地方行政組織は、新しい時代に対応できるよう
に、組織と人の実行力を改善していく必要がある。そのためには、実務
家公務員の「意識」と「実行力・技術力」を新しい時代に対応したもの
に変えていかなければならない。

　「縦序列の指導・技術伝承型OJT」は機能しなくなってきている中、
人材育成のためには、人材育成の仕組みの変革、組織体制や職場設計の
変革、人事制度の変革が必要である。しかし、本書ではこれらについて
は「組織の実行力を高めるための技術力」として短く触れるにとどめ、
個人の技術力を中心に述べる。

　実務家公務員に求められる技術力は、本書で示したもの以外に多々あ
るだろう。ここで取り上げたのは、実務家公務員に欠けがちな技術力を
整理したものとご理解いただきたい。

(6) 実務家公務員の仕事への矜持

> 実務家公務員の仕事は、社会にとって重要であり、かつ高度な技術力を必要とする。「実務者」でなく「実務家」としたのはそこに矜持を示したいからである。

　実務家公務員の仕事は地味で、結果が目立たないことが多い。そして結果を出したことが必ずしも高く評価されない。以下は私が経験した1つの例である。

　国土交通省での研修会で、ある講師から、次のような指摘があった。「公共事業を進める国土交通省は、かっこ悪いと思いませんか？　皆さんは、どうしてそんな"かっこ悪い"ことに頑張るんですか？」と。この方は、米国でMBAを取り、米国の経営コンサルタントを経て、日本のある大学の教授となった。経歴も容姿も確かに「かっこいい」。ただ、それは仕事の価値の判断基準の1つとなり得るのだろうか。話の内容は現場に立脚せず、机上の空論と思えた。評論や解説ばかりで社会の問題解決にはつながるようなものではなかった。

　実務家公務員が社会資本整備の現場で行う利害関係者との調整は、汗をかき、地道な努力を重ねなければ成就しない。巻末に参考として掲げた筆者が関わった羽田空港の第4滑走路の増設事業では、利害関係者との合意形成が、事業の早期かつ円滑な実施に向けて、極めて重要だった。そこでは、頭だけではなく、心が求められる。国土交通省が、事業により影響を受ける利害関係者に対して、論理（頭）で「○○理論に基づき漁業への影響予測をし、△△規則・基準により補償額を算定したところ、この金額になりましたので、補償額として同意願いたい」という説得調のコミュニケーションをしても通用しない。実務家公務員には次のような取り組みが不可欠となる。すなわち、頭と心を使って一生懸命、事業の社会的意義について説明を尽くし協力を求める。一方で、相手の懸念や心配事項を受け止め、応えられることは応えて、対策を示してリスクを低減する。それでも影響が残る部分は代替措置（金銭補償は

第1章　はじめに　　27

その1つ）によって、理解してもらえるよう努める。どうしても折り合わない部分があっても、最後には相手に熱意と誠意が届き、結果として合意への道が開けていく。

このような過程は表には出にくいし世間の目にも留まらない。ただ、それを「かっこ悪い」と評論されては、実務家の士気は下がりかねない。やる気（意欲）をそがれれば成果は挙がらない。そして、次第にそこに優秀な人材も集まらなくなる。

本書を通じて、「実務家公務員もいろいろ考え努力した上で、技術力を磨いて社会的成果を出そうとしている」と多くの方々にご理解いただきたい。その姿と成果について正当な評価が浸透すれば、イメージアップにつながり、実務家公務員も矜持をもって仕事に邁進し、この分野に人材が集まるようになるだろう。

第2章

実務家公務員の果たすべき役割と技術力の構造

(1) 実務家公務員に求められる技術力の構造

　これからの「新たな価値の創造・共創の時代」に対応して実務家
公務員が強化すべき役割を
　　「社会問題の解決」と「新たな価値の創造」
とし、この役割を果たすために必要な技術力を
　　技術力の全体像＝「水平総合の知」×「垂直統合の技術力」
　　技術力＝考え方×意欲×能力
とする。以下、この技術力をいかに高めていくかについて述べる。

(注)

(注) 求められる人材の技術力の型（人材像）については様々なものがある。例えば
Ｉ型：専門分野の深い知識を持つ人材（スペシャリスト）
Ｔ型：Ｉ型人材に、横棒の「一」をプラスした人材。アルファベットの「Ｔ」の形の
　　　ように、専門分野の深い知識「Ｉ」を持ちつつ、横方向の幅広い知見を持ち合
　　　わせている人材
π型：Ｔ型に加え、2つの専門分野を持った人材
Ｈ型：「イノベーション人材」とも言われ、強い専門分野を持っていて、他の専門分
　　　野を持った人材とつながることのできる人材
　どのような人材が求められるかについては、組織によって異なろう。地方行政機関
のような総合行政機関においては、組織全体として「水平総合の知」×「垂直統合の
技術力」の面的技術力が求められる。そして、上記のＩ、Ｔ、π、Ｈのどの型の人材
も必要である。

第2章　実務家公務員の果たすべき役割と技術力の構造　29

(2)「水平総合の知」×「垂直統合の技術力」

> 　成熟社会における複雑な問題を解決するためには、「時代認識」を持った上で、「水平総合の知」×「垂直統合の技術力」が必要となる。

　「垂直統合の技術力」とは、例えば港湾行政という特定の分野で、1つの社会課題（例えばクルーズ船の活用による地域活性化）を発見し、目標を設定し、その実現方法を考え、実際に社会や現場や組織が動くようにし、目標実現を可能にする技術力である。ある特定の分野において、PDCAサイクルを回す技術力といえる。この技術力を身に付けておけば、他分野に応用可能な技術となる。

　「水平総合の知」は、健康長寿の社会づくりのような課題に対し、医療・予防、農と食、地域社会力などの様々な分野の知と人を結集して、問題解決を行う知である。組織の実行力を高めるためのマネジメント力、すなわち、組織内部はもちろん、外部の「知」や「技術力」を集めながら、チームとして結果を出す力が求められる。「共創力」ともいえる。

　そして、より上位の職責になるほど、水平・垂直を総合した技術力が必要とされる。

　このような技術力の全体像を理解した上で、自分の適性を考え、どのような技術力を身に付けるべきかを考えることが重要である。

　水平方向を「総合の知」とし、垂直方向を「統合の技術力」としたのには理由がある。

　筆者は、これまで、国の機関（運輸省、国土交通省、外務省）で30年間、地方の機関（茨城県、静岡県）で7年間、仕事をしてきた。

　最初は運輸行政、とりわけ港湾行政の分野で、政策立案から予算の確保、その政策を現場で実行に移すところまで、いわば比較的狭い分野の垂直的な取り組みだった。そこでは、世界の港湾・海運がどう動き、一方で港の現場あるいは地域で人々はどう動き、さらに運輸や建設の業

界人はどう動くかを学んだ。さらに、どうすれば政策の狙い通り現場を動かすことができるか、あるいは現場の問題を解決できるかという「技術力」を身に付けた。単に「知る」のではなく、「政策を立案し、現場で適用し、結果を出す」ことにつなげる実行力であり、専門分野における「垂直統合の技術力」といえる。

また、中央省庁においては、科学技術の振興、観光、外交や国際協力、静岡県では、地方行政全般に関わってきた。そこでは、総合的・複合的問題への対処力として、「水平方向の知見や取り組みを総合する力」が求められた。これは「水平総合の技術力」ともいえるが、いろいろな「知識」や「知恵」を総合するという点から、水平方向は「総合の知」

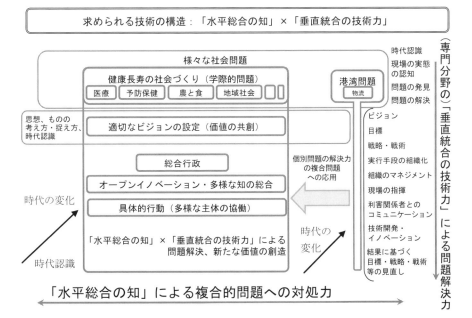

第2章 実務家公務員の果たすべき役割と技術力の構造　31

とした。

　社会問題や目指すべき社会像は時代と共に変わる。変化を読み取り、今はどういう時代で、将来はどうなっていくのかを展望して、「水平総合の知」と「垂直統合の技術力」を高めていく必要がある。「技術力」も本来は時間軸を考慮した「3次元」とすべきだろう。[注] ただ、「3次元」で考えると、問題を複雑にすることから、技術力＝「水平総合の知」×「垂直統合の技術力」とし、「時代認識」については技術力の一部として整理した。

（注）技術力における時間軸の考慮の必要性：時間軸の考慮の必要性は、社会環境の変化、価値観の変化、科学技術の変化など様々な側面から生じる。例えば、まちづくりの将来の目指す姿を描く際には価値観が影響する。価値観は時代とともに変化する以上、将来の価値観の変化を考慮して目指す姿を描くべきであることは容易に理解できよう。あるいは、現在の科学技術力ではここまでのシステムしかできないが、将来の科学技術の進化を予測し、将来の新しい技術を組み込み可能なシステムとしておくことも必要だ。

(3) 垂直統合の技術力の重要性

> ある特定の分野において、現場で誰がどのように発想し、どう動くかを知った上で、目指す姿の設定や政策立案、戦略策定、その実行、問題解決を行えれば（垂直統合の技術力を持つこと）、大きな強みとなる。垂直統合の技術力の発揮によって、政策立案においては、実効性、実行性ある計画を立てることができ、現場においては、具体的結果を出すことが可能だ。

　結果を出すには、その道でプロフェッショナルになることである。スペシャリスト、専門家という言葉があるが、結果が出せてこそプロといえる。ある分野でプロの域に達すれば、他の分野でも、プロの目、意識を持って、この垂直統合の技術力が応用可能となろう。

　では、水平総合の知と垂直統合の技術力のどちらを先に身に付ければ、プロに近づけるのだろうか。

　広い視野を持つことは重要だが、これを先に身に付け、浅く広くとなると、現場が分からないまま政策立案をすることになる。中央省庁では、その傾向が強いと思う。しかし、地方行政においては、具体的な社会や現場の問題を解決しなければならない。すなわち、PDCA の P で終わることなく、行動し、結果を出し、それを教訓として、また新たな計画を立てていかなくてはならない。

　それには、垂直統合の技術力が不可欠である。できれば、まず垂直統合の技術力を身に付けることが望ましい。ただ、垂直統合とはいえ、それが単なる細い棒（水平方向への拡がりなしのいわゆる専門バカ）であってはならない。公務員であれば、最低限の行政法や経済学に関する知識はもちろん不可欠となる。地面を垂直に深掘りする際に、細い管ではらちが明かないのと似ているかもしれない。ある程度の太さは必要である。

　とはいえ、公務員は配属先を自分で決められない。職種によって人事異動の形態・傾向も異なる。まずは、垂直統合の技術力を早く身に付け

ることの重要性を理解しておくことが大切だろう。

　求められる垂直統合の技術力も時代とともに変化する。従って垂直統合の技術力は常に磨き続けることが必要である。

　例えばこれからは次のような技術力も求められる。

・美の文明の時代に対応した「デザインや美」への理解
・新たな価値の提案力
・価値の共創の時代に対応した共感力・共創力
・デジタル×知能革命への対応力
・文化力ある科学技術力 (注1)

　もちろん、これらを一人で十分に持つことはできない。得意な分野、技術力の中核・芯となるもの（コア・コンピタンス）(注2) を自覚し、新たな技術力の必要性も意識して、垂直統合の技術力を磨く姿勢を常に忘れてはいけない。

（注1）文化力ある科学技術力：モノづくりなど「外的働きかけ」と、人の心や社会の意識の変革を通じた社会システムの構築という「内的働きかけ」を融合させた「社会学と理学・工学の融合的アプローチ」を行う科学技術力。
（注2）コア・コンピタンス：Core competance。Core は「芯・中核」、competance は「能力・適正」。一般的には、企業経営において、「競合他者が真似できない核となる能力」のことをいう。

column
問題解決の技術的プラットフォーム

2018年平昌冬季オリンピックで、チェコのレデツカ選手は、スノーボードとスキーの両競技で金メダルを取った。本業のスノーボードでの体の使い方（重力と遠心力の板、雪面への伝え方）が技術力のプラットフォームとなり、全く別物ともいわれるスキーにも生かされたと推測する。

これは技術系公務員の技術力についても同じだと思う。

技術系公務員は専門知はあるが、他の分野には対処できないと思われがちである。専門知が、ある分野の垂直統合の技術力（例えば、まちづくりの計画立案から現場での実行までの技術力）のうちの一部についてだけの「点」に留まっている限り、他の分野への応用はしにくいかもしれない。しかし、専門分野において垂直統合の技術力が身に付けば、それは他へも応用可能な技術力のプラットフォームになる。

column
自分のコア・コンピタンスを自覚し磨く

公務員のコア・コンピタンスとは「社会に対して、あるいは組織内において、（他者が真似できないとまではいえないものの）自分ならではの価値を提供する力」といえる。人の能力はそれぞれである。その中で「これは得意」という能力を自覚し、一点に集中してオンリーワンを目指すのも素晴らしいことである。

さらに、その「点」を核にしながら、「垂直統合の技術力」を身に付けて、「水平総合の知×垂直統合の技術力」を高め、総合力で社会に貢献するというのも、素晴らしいことだ。公務員の場合は、一般に2～3年で仕事の内容が変わる。オンリーワンとまではいかないまでも核となる技術力を持つとともに、ある程度の総合力を身に付けている必要があ

第2章　実務家公務員の果たすべき役割と技術力の構造　35

る。ある分野は強いが、他の分野はまったく分からないでは、より上位の職責になったとき、部分最適思考に陥りやすい。全体最適を見失ったり、そもそも全体最適の意識がなかったり、ということになりかねない。

column
代走のスペシャリスト　鈴木尚広氏（元巨人）

　元巨人軍の鈴木尚広氏をご存じだろうか。2016年にプロ野球から引退した。プロ生活20年間で228盗塁。通算成功率82.9％（200盗塁以上で歴代１位）の成績を残した。入団６年目で１軍に初出場したが、スタメンの確保は容易ではなかった。そこで、自分にとって何が一番強みで、チームに足りないのは何かを考え、代走という立ち位置を武器として見つけたそうだ。「エリートでなくても組織に貢献できる。後悔しないためには行動し、変わることが必要。失敗があるからこそ学びがある」との言葉は共感を呼び、尊敬に値するものと思う。

（4）水平総合の知の重要性

> 社会の問題が複雑になり、これさえすれば問題解決、ということはほとんど望めない時代となっている。問題に向き合うとき、「水平総合の知」が求められることが多く、そのためには、幅広く知を探索、吸収し、自分なりに解釈し蓄積することが重要となっている。

上位の立場の公務員になれば、より広範な知による「問題解決力」や「新たな価値の創造力」が求められる。換言すれば、社会全体を俯瞰した視線からの発想力や構想力、あるいは実行力やマネジメント力が期待されるようになる。それは総合プランナー・プロデューサー・コーディネーターとしての役割ともいえる。

「オープンイノベーション」が新たな価値づくりや問題解決の手法として注目されている（第3章⑲参照）。自前の技術にこだわる「たこつぼ型の技術開発」ではなく、外部からも様々な知を広く集め（多様な知の探索）、イノベーションを生み出すものである。個人についていうなら読書などで知を蓄積するとともに、積極的に組織外の者と交流して異なる知・考え方に接することが重要ということ。特に、技術系の職員は意識して積極的に他分野・他組織との交流を進めていきたい。

国家公務員は、省ごとの採用で、人事異動も省内が多い。対象とする地理的範囲は広いが、分野は狭い。地理的範囲が広いから十分な視野や視点を持っていると誤解してはいけない。中央省庁は、霞が関に集中していることが強みである。意識さえすれば、公務員同士の関係を築けるし、企業人を含めた異業種交流も活発に行えて知の探索やネットワークを拡げやすい。

一方、地方公務員は総合行政機関に所属し、一般に様々な分野の部局に異動する。本来、「水平方向の知」が、蓄積され総合されやすい環境のはずだが、実際の動きをみると、専門分野に閉じこもりがちといわれる技術系の公務員だけではなく、一般行政職においても、配属されたと

第2章　実務家公務員の果たすべき役割と技術力の構造　37

ころでたこつぼに入って仕事をする傾向がある。それでは、「水平方向の知」は蓄積されても、「水平総合の知」として生かされない。総合化によってこそいつかどこかで大きく花を開かせることができる。

「知」は、単に知っているだけでは、「知識」という記憶にすぎず、それを問題解決に適用することは不可能である。知を吸収し、自分なりに解釈し蓄積することによって、それは「知恵」や「見識」となって、何かあれば自分の薬箱から取り出し、処方できるようになる。薬は使わないにこしたことはないが、行政においては、知があるなら実践で活かさなければならない。単なる「もの知り」「うんちく語り」は意味をなさない。「知行合一」(注) が重要である。

(注) 知行合一：王陽明が唱えた陽明学の学説。知識と行為は一体であること。本当の知は実践を伴わなければならないということ。

column

ハプンスタンス・アプローチ

ハプンスタンス・アプローチという考え方がある。(注) 人生に起こるたくさんの予期せぬ出来事を上手に活用し、自分にとって好ましいものに変えていこうという考え方である。

著者自身のキャリアを振り返ると、多様で開放的なしかし信頼感のもてる「緩いネットワーク」に身を置くのが好きだった。その中で偶然の出合いや気付きが問題解決や新たな価値づくりにつながった経験がある。何かのときに役に立てようと、直接の見返りを期待していたのではない。不定期に会合を持ち、自らの思いと最近の状況を話しているうちに、アイデアやヒントが生まれた。第3章⑭で述べる「知の探索」につながったと実感している。ネットワークの人々からの予期せぬ協力が大きな結果につながったこともある。

（注）計画された偶発性（プランド・ハプンスタンス）理論

　スタンフォード大学のジョン・D・クランボルツ教授によって考案されたキャリア理論。「個人のキャリアの８割は予想しない偶発的な事象によって決定される」とし、その偶然を計画的に設計して自分のキャリアを良いものにしていこうという考え方。変化の激しい時代において、あらかじめキャリアを計画したり、計画したキャリアに固執したりすることは非現実的であり、すべきでない、と指摘する。

　「偶然の出来事」を「プランド・ハプンスタンス」に変える５つの行動指針は以下の通り。

　「好奇心」──たえず新しい学習の機会を模索し続けること
　「持続性」──失敗に屈せず、努力し続けること
　「楽観性」──新しい機会は必ず実現する、可能になるとポジティブに考えること
　「柔軟性」──こだわりを捨て、信念、概念、態度、行動を変えること
　「冒険心」──結果が不確実でも、リスクを取って行動を起こすこと

　言い換えると、「正解を選ぼうとするのではなく、選んだ選択肢が正解となるような行動をすること」ということだろう。この逆は、「キャリアアンカー理論」で、自分の適性等を見つけ、設定したキャリアゴールを目指して、キャリアやネットワークづくりをすることである。自分には、プランド・ハプンスタンス理論の方がしっくりくる。

column
模倣と独想

　哲学者ベーコンは「ある本はその味を試み、ある本は呑み込み、少数のある本はよく噛んで消化すべきである」と言っている。美術の世界でも、古典の模写は創造性を生み出す原点と言われている。例えば、雪舟は中国の山水画を規範として模写し、やがて独創的な水墨山水画風を確立した。

　ビジネスにおいても「ベストプラクティスに学ぶ」が大事とされている。

　読書や交流などによって得た「知」を消化し、体の中に取り込めれば、それは自分の考え方として、実務に適用できるようになる。筆者は、川勝平太著「文化力－日本の底力」を何度も読み返し、ある部分は半ば消化でき自分の栄養となり筋肉となっていると思っている。しかし、まだ咀嚼中のところも多い。

(5) 技術力＝考え方×意欲×能力

> 個人の技術力＝考え方×意欲×能力 (注1)
>
> 組織の技術力＝トップの考え方×（〈個々の組織の考え方×意欲×能力〉の総和）
>
> 考え方＝思想、時代認識、生き方、こころざし、感性、社会の
> 　　　　問題の認識の仕方、ビジョン（将来見通し等）、自分の
> 　　　　使命・役割の認識、取り組み姿勢（意欲・能力と表裏
> 　　　　一体）　　　　　　　　　　　　　　　　　 −1〜1
>
> 意　欲＝思い×具体的行動姿勢　　　　　　　　　　 0〜1
>
> 能　力＝（結果を出す力）＝（情報収集力・分析力）＋（先見
> 　　　　　　　　　　　　　　力・構想力）＋（論理構成力・問
> 　　　　　　　　　　　　　　題解決力）＋（判断力・決断力）
> 　　　　　　　　　　　　　　＋（伝える力）＋（共創力・協働
> 　　　　　　　　　　　　　　力・実行力）＋（リーダーシップ）
> 　　　　　　　　　　　　　　　　　　　　　　　　 0〜1
>
> 考え方は「−1〜1」、意欲は「0〜1」、能力は「0〜1」で変動
> 最良は「1×1×1＝1」、最悪は「−1×1×1＝−1」 (注2)

　「考え方」は、"正しい目標（何をなすべきか）を設定する本質的能力"、「意欲」は"動機などやる気を生み出す源泉"、「能力」は"特定の業務に関する職務遂行能力"といえる。この中で、「考え方」が一番重要である。それが間違っていると、どんなに頑張っても結果は社会にとって負にしかならない。

　今、日本は人口減少社会に入り、これまで世界が経験してこなかった課題への挑戦に迫られている。国、県、市町の各レベルで、どういう将来の姿をつくっていくかという未来図が必要となっている。これには、組織のトップがリーダーとして果たす役割が大きい。ビジョンや考え方がマイナスであれば、個々の組織の構成員の考え方や意欲や能力が高く

ても、組織としては間違った方向に走ることになる。

　地方自治体であれば、首長の役割と責任は極めて大きい。しかし、素晴らしいトップがいれば、すべてが解決できるわけではない。トップの下、行政組織の実務家が、それぞれの考え方を設定し、意欲と能力を持って行動しなければならない。

（注1）この「考え方×意欲×能力」という掛け算については、私のオリジナルではない。誰が最初に示したものかは特定できないと思われるが、稲盛和夫氏は、氏の多くの著書の中（例えば著書「生き方」）で、人生・仕事の結果＝考え方×熱意×能力としている。この他にも、本質的能力×動機×スキルという整理の仕方もある。

（注2）"考え方は「-1～1」で変動"については、ある研究者から、考え方が間違っているときが「0」すなわち「0点」ではないかという指摘をいただいたことがある。確かに個人の研究においては、間違った考え方で成果が出ない場合は、その人にとっては成果「0」である。しかし、組織の仕事においては、ある期間の活動には費用がかかり、また利益や便益を生むことが期待されている。間違った考え方によって、成果「0」のときは、機会損失を発生させており、かつ社会に混乱を発生させた場合は、さらに大きな社会的損失を発生させたことになる。従って、私は、技術力の構成要素としての考え方は「-1～1」で変動すると考えている。

（6）実務家公務員の技術力を高めるための 69 の技術

> 技術力の構造の整理のもと、「考え方」「意欲」「能力」のそれぞれについて必要な技術力の要素を、3章以降に69項目示していく。
>
> 各項目については、「…していませんか？」と質問する形（例えば、⑤では「明るい未来実現のためには何をすればよいのでしょうか？」）としている。忙しい実務家公務員がすべてに目を通す時間はないと思うので、まずは興味が湧いた項目を選択して読んでいただきたい。

（考え方）＝（何をなすべきか考える）

1）思想・見識・感性・判断力

①自分の考え方・見識を持っていますか？

②判断力を養っていますか？

2）時代認識

③今はどのような時代だと認識していますか？

3）仕事の構造・階層の理解

④仕事の構造を理解していますか？

4）何をなすべきかを構想する力

⑤明るい未来の実現のためには何をすればよいのでしょうか？

⑥何をなすべきかをバックキャスティングで考えていますか？これまでの単純延長上に目指す姿・目標を置いていませんか？

⑦部分最適、短期的最適ばかり考えていませんか？

⑧目指すべき社会や地域の姿を描いていますか？

⑨常に「目的・目標を実現するための具体的戦略」を考えていますか？

⑩目指す姿の共有・共鳴・共感を意識していますか？

（意欲を高める）

⑪ついつい楽な方に流されていませんか？

⑫日々の仕事で、直接社会に貢献していると実感できていますか？

⑬「小さな成功体験」を楽しんでいますか？

⑭「なぜこんなつまらない仕事を自分が…」と腐ることはありませんか？

⑮やろうとしていることが良いことなのに、途中で諦めていませんか？

⑯「事務屋だから技術のことはよく分からないが…」

「技術屋だから法律のことはよく分からないが…」とつい言っていませんか？

（能力を磨く）

１）（能力）＝（結果を出す力）＝（情報収集力・分析力）＋（先見力・構想力）＋（論理構成力・問題解決力）＋（判断力・決断力）＋（伝える力）＋（共創力・協働力・実行力）＋（リーダーシップ）

２）情報収集力・分析力

⑰自分の所属する社会や組織の文化にとらわれていませんか？ 市民目線となっていますか？

⑱社会で起きている問題を直視し、その本質を理解しようとしていますか？

⑲オープンイノベーションを意識していますか？

⑳ホウレンソウで知を集めていますか？

㉑データを使って分析していますか？

㉒「このやり方のままでいいのだろうか」と疑問を持つ習慣がありますか？

㉓「なぜ誤ったか」を分析する習慣がありますか？

３）先見力・構想力

㉔社会システムやプラットフォームづくりを意識していますか？

㉕マーケットインを意識していますか？

㉖「絵に描いた餅」で満足していませんか？

４）論理構成力・問題解決力

㉗目的と手段を混同していることに気付いていますか？

㉘安易にイベントに走るなど、対症療法に終始していませんか？

第２章 実務家公務員の果たすべき役割と技術力の構造 43

㉙短絡的に「この原因は○○。この○○を変えれば問題解決」と言っていませんか？

㉚課題や論理を構造化・単純化し、聞き手・読み手が論理を流れるように理解できるように整理していますか？

㉛事実判断と価値判断の違いを意識していますか？

㉜首長の価値判断と行政判断の違い、それに対する市民感覚を意識していますか？

㉝スピード感があるつもりになっていませんか？

㉞戦略の誤りを、戦術、現場の努力で補おうと頑張っていませんか？

㉟「手戻り」で部下に余計な仕事をさせていませんか？

㊱紙に書かないで、頭の中でぐるぐる考えていませんか？

㊲「私の方が正論論争」に陥っていませんか？

5）判断力・決断力

㊳先を考えすぎて、その場にとどまっていませんか？先を考えずに、飛び出していませんか？

㊴自分が決断した戦略や戦術に拘泥していませんか？空気に流されていませんか？

6）伝える力

㊵「伝える」ではなく、「伝わる」よう努力していますか？

㊶思いを聴き、思いを伝えていますか？

㊷対話ではなく、説得、交渉しようとしていませんか？

7）共創力・協働力・実行力

㊸「人の心が動くと大きな投資効果が生まれる」ことを意識していますか？

㊹地域づくりの小さな成功体験が生まれていますか？

8）リーダーシップ

㊺自分が目指すべきリーダー像を意識していますか？

㊻成功体験、プライド・面子にとらわれて、独り善がりやKKO（勘、経験、思い付き／思い込み）になっていませんか？

（分野別）

1）産業力

㊼ IoT、AI、EV、５G、ブロックチェーンなどが産業や社会に与える本質的影響を考えていますか？

㊽イノベーションが生まれる仕組みをつくっていますか？

㊾マーケティングの基礎的知識を持っていますか？

2）文化力

㊿芸術や芸能、アートだけが文化だと思っていませんか？

(51)アーティストが地域づくりに関わる意義を理解していますか？

3）危機管理力

(52)平時の優れたリーダーが、危機時にも優れたリーダーとして機能すると思っていませんか？

(53)危機管理における３原則を肝に銘じていますか？

(54)実際に役立つ「備え」をしていますか？

4）地域づくり力・観光地域づくり力

(55)地域づくりや観光地域づくりのための新しい人、組織づくりをしていますか？

(56)地域内資源を活用して地域内の経済循環を促していますか？

5）組織の実行力

(57)「自分磨き」が奨励されるシステムと組織文化がありますか？

(58)総合行政機関であり、かつ現場の実行部隊を持つ地方政府の力を活かしていますか？

(59)若いときに結果を出した者の多くが上級管理者に育つと思っていませんか？

(60)上から与えられた目標と業務を実行するだけの組織文化になっていませんか？

(61)口頭による方針伝達ばかりしていませんか？

(62)業務の効率化ばかりを追求していませんか？

(63)組織編成の変更によって、組織と人の意識と自立性の変革をしていますか？

(64)知を探索し、知の総合プロデュースができる技術統括責任者（CTO）

を置いていますか？

（年代別）

㉍20代で心掛けること：水平、垂直両方向で、地道に広がりと深みを付けていこう。

㉎30代で心掛けること：小さくてもよいから、社会がうまく回る仕組みをつくってみよう。

㉏40代で心掛けること：自分の「考え方」を自己評価してみよう。自分は何を改め、何をどうやって学ぶべきかを考えてみよう。

㉐50代で心掛けること：実務家公務員として残り10年を切った。社会、組織、後輩に何かを残そう。

㉑60代で心掛けること：60歳は、まだ壮年盛期。まだまだこれから、やれることはたくさんある。

第**3**章

考え方（何をなすべきか）が最も重要

> 技術力＝考え方×意欲×能力としたが、考え方イコール「何をな
> すべきか」といえる。何をなすべきかが、組織・個人としての仕事
> の成果の良否を決めることになる。よって、技術力においては、
> 「考え方」が最も重要である。

　意外に、この「何をなすべきか」を誤り、「なすべきでない方向（反
対方向）に能力ある者が意欲を持って全力で頑張る」ことが多い。（考
え方×意欲×能力＝－１×１×１＝－１）

　世の中が「成長」を目指す時代においては、何をなすべきかはこれま
での延長線上にあることが多い。このようなときは、なすべきを誤るこ
と、すなわち考え方がマイナスとなることは少ない。

　しかし、現在の日本のような成熟社会、人口減少社会においては、あ
るべき将来の姿はこれまでの延長上にない。参考となるようなモデルも
他の国にない。「どういう社会を目指すべきか」というビジョンは自ら
設定・設計しなければならない。

　考え方の根本は、思想、時代認識、生き方、こころざし、感性などで
あり、それが社会の問題の認識・解釈の仕方、価値評価、ビジョンの設
定、自分の仕事・役割の認識などに影響する。

　本章では、よい「考え方」を持つために、何が必要かについて述べ
る。

(1) 思想・見識・感性・判断力

> ①自分の考え方・見識を持っていますか？

　人間の考え方に最も影響を与えるものは何だろうか。それは、生き方、こころざし、感性ではないか。

　世の中には、思想や哲学、平たく言えば生き方についての話題があふれている。それを知ることは重要だが、単なる知識であっては何の役にも立たない。もちろんそんなものは行政でも使えない。知識を自分なりに解釈し、それを自分の考え方としたもの、すなわち"知恵"や"見識"として自分の中に形成することが重要である。

　考え方には「生き方」が大きく影響する。京セラの創業者・稲盛和夫氏は著書「生き方」（サンマーク出版）のプロローグで、

　「魂を磨いていくことが、この世の生きる意味」

　「心に描いていたものが実現するという宇宙の法則」

　「人類に叡智をもたらしつづける『知恵の蔵』がある」

　「自己を厳しく律し続ける『王道』の生き方をせよ」

と述べている。

　三井三池炭鉱の経営を行い、三井財閥の総帥となった團琢磨氏の言葉と行動も、「思想」「こころざし」の重要性を示す好例である。團は、会社に利益をもたらすことだけではなく、100年後の地域のことを考えていた。実際に團が築港した三池港は、石炭の産出で一時代を築いた後も地域経済を支え続けている。(注1)

　このような高邁な「生き方」「考え方」を知ることは重要である。それに共鳴共感して、自分なりの「考え方」を築き、それを実践することが望まれる。これによって仕事の結果は大きく変わる。

　ただ、稲盛和夫氏の「生き方」に共鳴共感したとしても、それを実践する公務員は決して多くはないだろう。尊敬はするが、自分には「重すぎる」と感じてしまうのかもしれない。公務員が「生き方」を学ぶには、各人が共感し、かつ実行できる「生き方」を自分の目で独自に探し

ていく必要があるように思う。(注2)

(注1) 2015年、三池港は、世界文化遺産「明治日本の産業革命遺産」の構成資産の
1つとなった。三池港は、明治期から現在に至るまで「稼働」を続け、地域経済を支
えていることが評価点となっている。
(注2) 筆者は、東洋思想、とりわけ陽明学から学ぶことが多かった。陽明学の基本
書である「伝習録」のような原典を読むのではなく、例えば、「活学としての東洋思
想　人はいかに生きるべきか」(安岡正篤著 PHP 文庫)「現代に甦る陽明学」(吉田和
男著 麗澤大学出版会)などのように、その思想を分かりやすく説き明かしてくれる
ものから学んだ。例えば、「一燈照隅」。これは、おのおのがそれぞれ一燈となっ
て、一隅を照らすことだが、実務家公務員としての態度にも通ずる。それぞれ自分の
現場で何かその場を照らすことを行えれば、それが、地域の明るい未来の実現につな
がっていく。このように陽明学が実務家公務員にとって参考となるのは、それが「哲
学」ではなく、実践活動(行動)によって社会をよくすることを目的とした「実学」
であるからだろう。自分にとって陽明学がしっくりくるのは、「万物一体の仁」のよ
うな「全体論」や「自然と人の一体論」であり、また「知行合一」のように、実践を
重視するところにあるように改めて感じている。

團琢磨の百年先を考えた事業

「石炭山の永久などということはありはせぬ。無くなると今この人たちが市となっている
のがまた野になってしまう。これはどうも何か(住民の)救済の法を考えて置かぬと実に
始末につかぬことになるというところから、自分は一層この築港について集中した。築港
をやれば、築港のためにそこにまた産業を起こすことができる。石炭が無くなっても他処
の石炭を持ってきて事業をしてもよろしい。(港があれば)その土地が一の都会になるか
ら、都市として"メンテーン"(維持)するについて築港をしておけば、何年もつかしれぬけ
れども、いくらか百年の基礎になる」(團 琢磨)

column

ベートーベン派？　モーツァルト派？

"ベートーベンの音楽は重厚で、まるで人の胸ぐらをつかんで、「な
あ分かるだろう、このことの大切さが」と心を揺さぶるタイプ。逆に
モーツァルトはやさしく自然に染み込むように分からせてくれるタイ

プ"と例える人がいる。

　稲盛和夫氏の「生き方」は、ベートーベン派といえそうだ。さて、あなたはどちらに心が動かされるだろうか。

---

②判断力を養っていますか？

　個人が、特定のイデオロギー（政治や宗教における個有の観念形態、思想形態）を信奉し、個有の見方・考え方を持つことは自由である。

　しかし、実務家公務員が特定のイデオロギーに影響されすぎると、常にフィルターや偏光が掛かった状態で社会を見ることになり、判断（例えばあるべき社会の姿の設定）が社会にとって適切でなくなる恐れがある。

　人は自分にとって心地よい情報や、都合のよい情報に好んで接する習性がある。また、同一の組織の中だけでコミュニケーションをしていると、その組織内の考え方・常識に染まり、それが偏った考え方であることに気付かなくなることもある。いわゆる「たこつぼ型社会認識」あるいは「井の中の蛙型社会認識」である。

　公務員の判断は社会に影響を与え、とりわけ上位の職位であれば、判断が社会的に大きな影響を与える。

　従って**公務員は、様々な「考え方」の存在を認めた上で、どういう「考え方」がこれからの社会によい結果をもたらすかを判断する能力、すなわち健全な（まともな）判断力を養うことが欠かせない。**

　ただ、これは難題である。なぜなら、みんな自分は「まとも」と思っているからだ。しかし、しばしば「それはないでしょう、どうしてこんな判断をしたのか信じられない」といった事例に出合う。

　公務員として求められる健全な（まともな）判断力を身に付けるにはどうすればいいのだろうか。それには、まず、多様な考え方に接することだ。日々の仕事の中で、多様な人々に接したとしてもやはり偏りはど

うしても生ずる。可能な限り多くの、異なる組織、媒体、世代の、様々な論説や考え方に触れるよう常に意識する。その上で良否を冷静に評価し、その中で自分なりの判断力を育めるよう努めることが重要である(注)。また、私的にもあちらこちらに出掛けて行って、いろいろな体験を積んで、ものの見方・考え方を拡げるきっかけにしたい。アートや映画、演劇などの作品も、感性・感受性を養うのに役立つはずだ。

(注) 多様な考え方に接し、それを自分の頭で整理し評価することの重要性は、東郷和彦著「歴史と外交 靖国・アジア・東京裁判」(講談社現代新書)を読むと実感できる。この書は、東郷和彦氏(外務省欧亜局長、駐オランダ大使を歴任の後、ライデン大学、プリンストン大学、淡江大学、ソウル国立大学等で教鞭。)が、日本の歴史問題(靖国神社、慰安婦、東京裁判等)について、外務省での経験とその後の研究・教育活動の中で、内外あるいは左右の言論の様々な見解を整理し、氏自身の見解を表明したものである。その内容は深く、ここで紹介できるようなものではない。この書の一読をお勧めする。ここでは、書の中の「オール・ジャパンとして‐あとがきにかえて」の一説を紹介しておきたい。

「もっとも肝心なことは、一人ひとりの日本人が、歴史に学び、日本にとって、自分にとって、明治から太平洋戦争に至った日本の歴史はなんであったか、戦後の日本の歴史はなんであったかについて、みずからの答えを出すことにあると思う。多数の国民が、左右の思想家の論述を、自分の頭の中で整理し、考え、自分の考えかたをつくっていく。それが、社会や国家としてのコンセンサスづくりにつながっていく、そういう動きこそ、いまのわが国は、必要としているのではないだろうか。(中略) 本書でとりあげたどの問題も、簡単に解決のつく問題ではない。そもそもこの本は、確定解を示すために、書いたものではない。私が、ひとりの日本人として、六年のあいだの海外生活のなかで、それぞれの問題について考えてきた軌跡と発見を述べたものであり、そのことによって、読者各位が、みずからの確定解をさがす、よすがになればと思って、書いたものである。異なった意見をもつ相手を尊敬しながら議論を展開する力を身につけ、人格的相互攻撃で空費されるエネルギーを抑制すること、そして、民族のエネルギーを、日本社会の力と日本人の創造性を開花させる積極的な方面に向けること — 意思と、指導力があれば、実現できるはずである」

㊲の「私の方が正論論争」でとどまらないことにも通じる。

事例　大規模公共事業批判

　「大規模公共事業→ゼネコンなど大企業向け事業→大企業が利益独占・政官民癒着構造→中小企業・国民に利益還元なし」という批判を常に行う人がいる。批判は重要である。一定の歯止めになっていることは間違いない。しかし、"大規模公共事業＝すべて悪"とレッテル張りをするのは国民に対し大きな不利益をもたらす。

　筆者は、「羽田空港の第四滑走路増設事業」と「福岡空港の第二滑走路増設事業」に関わったが、この際も特定の人達からこのレッテル張りによる反対を受けた。この２つの大規模公共事業は必要ないという意見である。しかし、今や羽田の第四滑走路により羽田空港の国際線発着枠が増え、インバウンド客を受け入れることができ、国民経済に極めて大きな効果をもたらしている。福岡空港は、「需要は頭打ちしており、滑走路増設は必要なし」との意見に対応した将来需要予測の検証に時間を費やし、事業着手が遅れた。しかし今や混雑空港の指定を受け、増便が制限されている。

　これらの反対によって生じた社会的コスト（完成が遅れたことによる機会損失（注））は極めて大きい。

　しかし、当時あれだけ反対していたこの人達は、供用開始後の羽田の事業効果の大きさには何ら言及することもなく、次の標的を見つけだし、活動している。

　批判は重要である。しかし、（あるグループを批判することを目的とした）「ためにする批判」は社会的に有害である。

　（注）機会損失：もし、あるときに、そのことを選択していれば得られた利益を、別の選択をしたために実現する機会を失ってしまったことによる損失

参考　五箇条の御誓文

　川勝平太静岡県知事は、明治元年、明治天皇がお示しになられた五箇條の御誓文が、現在も実務家公務員の判断力や行動の指針として重要であるとし、職員訓示等において引用している。「皇基を振起」などの部分にとらわれることなく、日本の民主主義の基本と普遍的な理念を素直に受けとめることが重要だと思う。

五箇條の御誓文

一. 広く会議を興し、万機公論に決すべし
　　（広く人材を求めて会議を開き議論を行い、大切なことはすべて公正な意見によって決めましょう）
一. 上下（じょうか）心を一にして、盛に経綸（けいりん）を行ふべし
　　（身分の上下を問わず心を一つにして、積極的に国を治め整えましょう）
一. 官武一途庶民に至る迄、各（おのおの）其（その）志を遂げ、人心をして倦ざらしめんことを要す
　　（文官や武官はいうまでもなく一般の国民も、それぞれ自分の職責を果たし、各自の志すところを達成できるように、人々に希望を失わせないことが肝要です）
一. 旧来の陋習（ろうしゅう）を破り、天地の公道に基くべし
　　（これまでの悪い習慣を打ちすてて、何ごとも普遍的な正しい道理に基づいて行いましょう）
一. 智識を世界に求め、大に皇基を振起すべし
　　（知識を世界に求めて天皇を中心とするうるわしい国柄や伝統を大切にして、大いに国を発展させましょう）

（出典）明治神宮 HP

　また、川勝知事は以下の「ふじのくに公務員の心得八箇条」を職員に

第 3 章　考え方（何をなすべきか）が最も重要　53

示している。

一、公務において　身に私を構えない

二、心は素直に　嘘・偽りを言わない

三、上にへつらわず　下には威張らない

四、節義を重んじ　礼節を失わない

五、弱いものいじめをせず　人の患難（かんなん）は見捨てない

六、恥を知り　約束は違（たが）えない

七、道理を弁（わきま）え　情理を尽くし　信念を曲げない

八、もののあわれを知り　人には情けをかける

※原典：「明君家訓」（室鳩巣）、「出水兵児修養掟」等

(2) 時代認識

> ③今はどのような時代だと認識していますか？

　時代認識も「考え方」「何をすべきか」に大きな影響を与える。その人にとって必要な「時代認識」は、その人の携わる仕事によって異なることもある。国際問題の仕事をしている人にとっては、当然、国際政治や国力の地政学的変化を強く考慮したものとなり、筆者の整理するものとは大きく異なってくる。どういう時代認識や価値観が存在するかを知ることと、どういう時代認識や価値観を自分が持ち、支持するかはきちっと分けて考えたい。大事なことは、**自分なりの時代認識や価値観を整理しつつも、それが唯一、正しいものと思い込むことなく、多様性を理解した上で、自分なりに解釈すること**である。

　その上で、**何をすべきか、例えばどんな社会の実現を目指すべきかについて、自分で構想し、あるいは、他の人が提案する「未来図」や「目指す社会の姿」を評価できるようにすること**が重要だろう。

　図は、私自身の時代認識である。時は、左下から右上へ流れている。中央の対角線の点線は、2000年頃で、ここで大きく時代が変わったとみている。

　日本は、坂の上の雲を目指した時代の「力の文明」から、「美の文明」を目指す時代に転換したといえる。(注1) もう1つの大きな変化は総人口の減少、とりわけ生産年齢人口の大幅な減少である。(注2) 首都圏への集中が一層進み、地方の総人口、生産年齢人口は減少が続く。このような大変化の時代においては、「目指す社会の姿」は他国にはない。日本自身・各地域自身が自ら目指すべき社会の姿を設計し、その実現を目指していかなければならない。

（注1）「文化力　日本の底力」　川勝平太著（ウェッジ）
　2006年に発刊された、現静岡県知事の著書で、なぜ時代は「力の文明」から「美の文明」へと大変化すべきかが理解できる必読の書といえる。時代が大きく変わってい

第3章　考え方（何をなすべきか）が最も重要　　55

時代認識（私見）

国際環境
- ポピュリズムの台頭
- 経済重心の変化
- 日本の相対的地位の低下
- ICT革命（AI、IoT）
- 地球環境問題
- 観光拡大

国内環境
- 災害リスクの認識の共有
- 総人口減少・高齢社会
- 生産年齢人口減少
- 国家財政の悪化
- 社会のつながりの希薄化
- インバウンド伸長

21世紀型科学技術力・産業力
「社会システムづくり」に貢献する科学技術
文化力のある科学技術力・産業力
防災・減災システムづくり　環境調和型科学技術社会
自動化（人間協調）
オープンイノベーション
シェアリング・エコノミー
個別化サービス（医療・健康改善等）

21世紀型社会・文化力「美の文明」
こころ豊かな暮らし方（一定の経済的豊かさが前提
持続可能な社会（低炭素・循環型社会など）
参加型社会、価値の共創社会
安全・安心な社会、ぬくもりのある社会（大きな社会）
幸せの実感⇒「Dreams come true in Japan」へ

（日本は新たな文化・価値の創造の時代）
（ポスト東京時代　富国有徳の理想郷づくり）
（地方の時代　共創の時代）

新たな緩やかなのぼり坂　高み（理想郷）を築く　21世紀型

新たな緩やかなのぼり坂

目指す社会の姿を設計する（モデルはない）

明るい未来のモデルを設計する。その実現のために地域資源を生かして経済を回す。新しい社会システム、文化づくりに自らも参加する。

（計画方法）
・価値の共創
・バックキャスティング
・目標設定型、全体最適

（実現方法）
・社会システムづくり
・多様な主体の参加・協働

（共通：社会を良くしようとする思い）

坂の上の雲を目指す　20世紀型
のぼり坂

方向転換

既にあるモデルとなる社会を目指す

場（社会インフラ）を整備し、経済を豊かにする。文化（暮らし方）が変わり、（モノ）豊かに暮らす

（計画方法）
・フォアキャスティング
・現状改善型
・トレンド延長型

（実現方法）
・モノづくり
・行政や企業におまかせ
・部分最適

20世紀型科学技術力・産業力
「モノづくり」に貢献する科学技術
モノ単体としての科学技術力
環境克服型科学技術社会
防災の技術
プロセスイノベーション
プロダクトアウト

20世紀型社会・文化力「力の文明」
経済的に豊かな暮らし方
高環境負荷・大量消費社会
おまかせ型社会・大きな政府
華やか・にぎわい、標準化・画一的
安全・安心な社会
豊かさの実感：アメリカンドリーム

成長志向（人口ボーナスが寄与）

（東京時代）
（社会の問題解決の時代）

るときに、どういう価値を重視するべきかが易しく丁寧に語られている。これからの
時代に必要な「考え方」が分かる。

日本文明における価値の変遷

無自覚の　　　　　　　　　　　　　　　　自覚的な
「美の文明」 ➡ 「力の文明」 ───── 「美の文明」

富国強兵の「力の文明」 ───── 富国有徳の「美の文明」

（近代西洋文明）
「真」を本質とする科学的知識を軍事力・経済力という「力」に変えた
（「文化力 日本の底力」川勝平太著 ウェッジより）

（注2）生産年齢人口（15歳～64歳の年齢層）は、1995年に8716万人でピークを迎
え、減少に転じた。社会保障・人口問題研究所の推計では、出生率・死亡率に大きな
変化がなければ、生産年齢人口は、2016年の7600万人から、2036年は6200万人、2050
年頃には5000万人を割り込むとされている。総人口が継続して減少する社会の始まり
は2008年。

---

column
産業革命（Industrial Revolution）と勤勉革命（Industrious Revolution）そして知能革命

　歴史学者の速水融氏が名付けた勤勉革命は、英語表記すると産業革命
と僅かな違い（riousとrial）であるが、革命の内容は全く異なる。17
～18世紀に、英国をはじめとした動力による産業革命に対し、日本は
人々の勤勉によって、土地生産性に革命をもたらした。勤勉性は個人の
努力に負うところが多く、部分最適・個別最適、短期的最適になりやす
い傾向がある。農業の匠の技がこの例といえる。

　日本は欧米に少し遅れて産業革命を実現し、その後も数次の産業革命
に対応し、生産性を高めてきた。その根底には勤勉革命のDNAによ
る、ものづくりにおける勤勉と部分最適・短期的最適があったように思

第3章 考え方（何をなすべきか）が最も重要　57

う。日本の経済成長は、勤勉の賜物ではある一方、2015年の労働生産性はOECD加盟国で22位にとどまる。これは、日本が全体最適・中長期的最適が不得意であることが影響していると思う。

現在、IoTやAIによって、知能革命の時代を迎えようとしている。ここでは、個人の勤勉による個別最適で導き出した「知」の多くがAIなどに凌駕されるだろう。AIは、部分最適・短期的最適の情報をも大量に収集・分析し、全体最適・中長期的最適の解を示すからである。

知能革命の時代においては、日本人の持つ勤勉革命のDNAの優位性が薄れてしまう可能性が高い。

このような「時代認識」に立ち、危機感を持って政策を考えていく必要がある。㊽で述べるアグリオープンイノベーションは知能革命への対応の1つの例である。

日本の生産性革命の変遷

1次：蒸気機関（動力）による工業化
　　（資本集約型・労働節約型）
2次：電力による大量生産
3次：情報通信技術革命
4次：IoTやAIを用いた製造業の革新

「ソサエティ5．0」（超スマート社会）

産業革命
(industrial revolution)

(18世紀の) 勤勉革命
(industrious revolution)
（日本経済史　速水融氏による）

知能革命

江戸時代の勤勉による土地生産性革命
　　（資本節約型・労働集約型）

あらゆる分野における
ビッグデータ解析・ＡＩによる
生産性革命

部分最適・短期的最適　　　　→　　全体最適・中長期的最適
　　　　　　　　　　　　　　　　　　＋部分最適・短期的最適

（注）この変遷の捉え方は筆者の個人的整理であり、学問的に整理されたものではない。

(3) 仕事の構造・階層の理解

> ④仕事の構造を理解していますか?

　行政組織で行う、あなた自身の仕事は、ただそこに単独で"ある"のではなく、組織が実現したいこと（目標）を実現するための一連の流れの中の、必要不可欠な1つの要素、パーツとして存在する。自身の仕事によって目標の実現に貢献するためには、まずは、最終目標は何かを意識し、実現のための仕事の全体構造、流れの中の自分の役割、位置付け（何のために何をすべきか）を理解していることが必要である。それが、仕事の意欲にもつながっていく。

　仕事の構造については、様々に整理できようが、(注1) ここでは図のようにまとめてみた。最終目標であるミッション（使命）を果たし、ビジョン（目標）を実現するためのビジョン—戦略—計画というツリーの形である。上と下は必ずつながっている。上が細く、下が太い形になっているが、これは下にいくほど施策や行動が具体化するので項目数が多いことを示している。

　仕事の構造・階層は、組織だけでなく、チーム、あるいは個人の仕事の構造・階層をも示す。**"新たな価値の創造・共創の時代"においては、小さなチームや個人も、自身を全体の中のパーツと捉えるのではなく、自らのミッションやビジョン、目標を意識した「自立的な主体」として行動するよう求められる。**

　行政機関では、しばしば「○○戦略」というものが策定されるが、ミッションやビジョンのない戦略は意味をなさない。その重要性が定着してきたPDCAサイクル (注2) も、ミッションやビジョンがなく策定されたならば、P（Plan）の設定が誤っている可能性がある。仕事をするにあたっては、「ミッション、ビジョンは何か」を意識し理解することが重要である。

　ただし、ここでいうビジョン—戦略—計画という階層は、概念として整理しているものである。組織・チームが策定する○○戦略、△△計画

第3章　考え方（何をなすべきか）が最も重要　　59

は、「ビジョン＋戦略＋計画」を含んだものであることが多い。

例えば、2018年度から開始した「静岡県総合計画」でも"計画"には、内容としてビジョン（目指すべき姿・目標）や戦略が含まれている。

総合計画において、ミッション（自分たちの使命・行動理念）は、どういう地域づくりをするかである。基本理念は、「富国有徳の『美しい

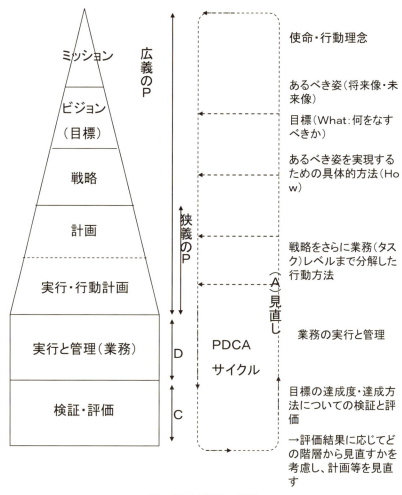

図：仕事の構造・階層

ふじのくに』をつくる」。そのもとに、ビジョンとして、目指す姿を「県民幸福度の最大化＜生まれてよし、老いてよし＞＜生んでよし、育ててよし＞＜学んでよし、働いてよし＞＜住んでよし、訪れてよし＞」とし、それを実現する基本戦略として、「基本理念の具体化の方向」「取組の視点」を示している。

　さらに、具体的な戦略や計画として、全体戦略・計画とともに、分野別戦略が、例えば「静岡県産業成長戦略2018」のような形で策定される。この戦略を実行するため、さらに詳細かつ具体的な実行・行動計画を立てる。(注3)

（注１）例えば、ビジョン―コンセプト―モデリング・ソリューション―意志決定―実行―評価・検証という整理の仕方もある。
（注２）PDCAサイクル：詳しくは⑨参照
（注３）静岡県の前の総合計画及びそれに基づくPDCAサイクルによる実行管理、評価システムなどが評価され、川勝平太静岡県知事は、マニフェスト大賞実行委員会主催の2017年マニフェスト推進賞＜首長部門＞特別賞を受賞した。2013年にマニフェスト大賞（首長部門）最優秀賞を受賞しているため、今回は特別賞。

| 事例 | 静岡県総合計画（2018年３月策定）におけるミッション（基本理念）、ビジョン（目指す姿） |

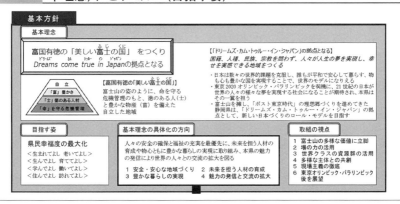

第３章　考え方（何をなすべきか）が最も重要　　61

(4) 何をなすべきかを構想する力

> ⑤明るい未来の実現のためには何をすればよいのでしょうか？

　残念ながら、これまでの単純延長上に日本の明るい未来はない。日本がモデルとすべき社会の姿も世界にはない。従って、世界から憧れられる新しい社会モデル・新たな価値を自ら創っていく必要がある。現在は、いわば「新たな価値の創造の時代」。「こうなればいいな！」「あったらいいな！」を描き、それを実現していく時代。

　では、この新しい社会モデルの核となるのは何だろうか。それは「文化力」である。「文化」はその地域社会の暮らし方、ライフスタイルであり、文化力はその「力」である。(注)文化力は、行政活動で創られるものではなく、地域ぐるみ、社会総がかりで創り上げていくもの（共創）である。

　このような時代においては、実務家公務員の役割として、「新たな価値の創造」が重要であり、それを地域ぐるみ、社会総がかりの「共創」で実現していく力、すなわち「新たな価値を創造・共創する技術力」が求められる。

　例えば、地域づくりにおいては、次のような能力が挙げられる。
（課題の発見力）
- （今そこにある危機だけでなく）何が本質的な社会問題かを発見する
- 社会問題を根底から分析し、その問題を発生させている原因を理解する

（構想力）
- 目指すべき社会の姿（将来像）を描く（どういう社会を実現すべきかを明らかにする。これまでの単純延長上に未来を置かない）
- 場の力、個性、機会（チャンス）を理解する
- 目指す具体的地域の姿・状態（将来目標・未来図）を描く
- 目標を社会で共有する
- 目標を実現するための戦略・戦術を考える（成長期の戦略・戦術を

引きずらない）
　・地域ぐるみ・社会総がかり目標を実現するための仕組み（社会システムやプラットフォーム）を考える
（共創力）
　・地域や人々の共鳴・共感を得て、協働・共創を進める
　これらの詳細については、「能力」の項で述べる。文化力の1つである科学技術力も、参考に示すように、「新たな価値の創造」（あったらいいな！の実現）、オープンイノベーションによる「共創」の時代を迎えている。

（注）文化の定義等については⑳参照。

事例　「東京湾をみんなの手で豊かにする」という価値の共創

　東京湾の環境を良くするためにはどうしたらよいだろうか。
　実務家公務員とりわけ技術者であれば、目標を、例えば海の汚濁度の指標の1つであるCOD（化学的酸素要求量）を○○ mg/ℓ 以下に設定する。そして、達成するため、下水処理の高度化とか人工干潟の造成とかを考える。いや、いきなり対策をしてもダメだ。まずはどうしてそういう環境になっているのか、解明を優先させよという人もいる。
　しかし、これでは深刻な状況にある東京湾の環境は良くならない。ここに2つの問題があると思う。
　まずは、目標の設定方法。CODは一般の人には何のことか分からないし、目で見ることもできない。人々の関心としてはCODは極端に言えば「どうでもいい」話。人々の関心はアサリがザクザクとれるとか、水がきれい、水遊びができるではないだろうか。人の生活感覚から見た目標と、行政が設定する目標が合っていない。これでは共鳴、共感は生まれない。
　もう1つは、行政関係者が自分たちだけで問題を解決しようとしていること。東京湾に負荷を生むのは流域の人の行動であり、その行動は文

化（生活様式）による。従って負荷を減らすためには文化が変わることが大事。規制や科学技術的手法という「外的変革」だけでなく、東京湾の環境を良くするために自分も行動しようと思う心の持ち方、ライフスタイルの変革という「内的変革」を進めることが重要だ。

内的変革のためには、⑩で述べるように、現状の問題を共有し、将来像を共有することが始まりである。「東京湾をみんなの手で豊かにする」という価値を共有し、次に、それを実現するための個人の行動の大事さについて、共鳴共感の輪を拡げていく。例えば、「地元のおいしい魚を食べ、またその魚が育つ豊かな海・海辺づくりに自ら参画することで東京湾の環境を良くすることに貢献しよう」と呼び掛けてはどうか。(注)

この際、価値を押しつけたり、教条的であったりしてはいけない。活動に参加したときの楽しみを基調にしたい。

そして、この取り組みの成功の鍵は、輪を拡げていく仕組み、システム、プラットフォームにある。「東京湾の環境をよくするために行動する会」や「東京湾再生官民連携フォーラム」といった個人、NPO、研究者、企業、行政機関など多様な主体が参加した集まりによるプラットフォームづくりに期待したい。

(注) 筆者が共著者である「江戸前の魚喰いねぇ！ 豊饒の海 東京湾」（東京新聞）をお読みいただきたい。

参考：科学技術の構造の変化 「あったらいいな」が起点

これまで

社会の問題解決型、現状改善型　存在する課題を解決し、新たな製品や知を得る

（例1）製品づくり
社会に存在する課題や従来の製品の問題点を抽出し、その解決を目標として設定し、
分析と改良を重ねて新しい製品や性能を生み出す
（例2）研究開発
基礎研究⇒応用研究⇒実用化というリニアモデル
課題解決型研究スタイル

これから

＋新たな価値の創造型　何もないところに新たな価値を創造する
＋オープンイノベーション　多様な「知」を持ち寄る・磨く

（例1）Internet, Google, Facebook
課題解決よりも「あったらいいな」が起点。それを実現するための科学技術を開発するというアプローチ

（必要なアプローチ）
キャッチアップから脱却した真の独創性の理解
売れるかどうか分からないリスクのマネジメント
社会の価値を迅速かつ的確に把握する技術
オープンイノベーション

（課題）
感性＋新たなシステム
発想の転換とリスクの対処
研究者や組織のあり方の転換
リスクマネーのマネジメント　など
オープンイノベーションの活用方法

「未来を創る①新たな価値を創造する重要性」石川正俊東京大学情報理工学系研究科長
2016.11.2日刊工業新聞を参考にして作成

column
実務家公務員もクリエーター

　新たな価値の創造のためには、次のようなクリエーター的な能力も求められる。
- ・感性、感受力
- ・洞察力（例えば、場の力、個性を読みとる力）
- ・先見力
- ・発想力、閃き、想像力
- ・表現力
- ・実現力、共創力

実務家公務員個人に、これら全てを備えよ、というのは無理があるというより、そのような人は世の中にまずいない。これらのうち、1つでも身に付けられるよう磨くことが大切になる。

第3章　考え方（何をなすべきか）が最も重要　65

column

地方を結び、人々を結ぶリージョナルジェット「FDA」フジドリームエアラインズ

株式会社フジドリームエアラインズは、2008年に設立されたリージョナルジェット（注）を運航する会社である。

これまで航空旅客事業を運営した経験のない会社が親会社となって、地域と地域を結ぶリージョナル航空を始めることの困難さは想像に難くない。

「地方を結び、人々を結ぶリージョナルジェット」（鈴木与平FDA会長著。ダイヤモンド社）に示されている次の言葉を、実務家公務員はしっかりと受け止めるべきと考える。

「地方空港の最も大切な点は、地方に住む人たちが、他の地方に住む方々や外国の人々と東京を頼らないで直接交流ができることです。国の総合計画の中で何回となく謳われた『個性豊かな地域文化の継承と創造や、魅力的で質の高い町づくり』を本当に実現しようとするならば、東京に寄りかかったような交通ネットワークから抜け出し、地方空港と地方空港を結ぶ航空ネットワークを新たに創造し、充実させ、活性化する必要があります。」（p103）

「会社の基本理念は、『地方と地方を結ぶ交流の架け橋となり、それぞれの文化や経済の発展に貢献することにより地域社会に信頼され、その成功を地域の人々と分かち合う会社になる』としました。」（pp.116-117）

（注）リージョナルジェット：小型ジェット機（座席数50〜100席以下）。この機材を用いて、地方都市間や大空港と地方を結ぶビジネスモデルの航空事業をリージョナルジェット航空と呼ぶ。

> ⑥ 何をなすべきかをバックキャスティングで考えていますか？
> これまでの単純延長上に目指す姿・目標を置いていませんか？

　現状を前提とした解決策にとらわれていては、何をなすべきか見えてこない。

　日本の現状は、明らかにこれまでの延長上に明るい未来が想定できない時代である。そんなときには、「バックキャスティング」(注1)や「目標設定型」で目指す将来像、未来図を描くことが必要である。また、将来の大きな変化に対応するためにも、同じようにバックキャスティング思考が有効である。

　最初にすべきことは、ⓐ"現状の課題の分析"（これからどういう時代となるのか、そのときにこの現状でよいのかの分析）である。この際、現状を直視することは大事だが、現実にとらわれすぎて改善策ばかりを先に考えると、短期的な現状改善に終わり、中長期的な改善につながらず、大きな利益を損なうこと（根底からの問題解決ができない。新

第3章　考え方（何をなすべきか）が最も重要　67

たな価値が創造できない）に終わってしまいがちである。ここでは、現状の課題の分析とはいえ、課題認識程度にとどめ、次のステップである⒝ "将来の共感できる価値、目指す社会・地域の姿のデザイン"に進む。

その後、再び現状に戻り、⒞ "将来像の実現のために現状で何が欠けているか、何が必要かを分析する"。これをもとに、⒟その "「未来図」を実現するための道筋をつくる"。

ただし、将来のことばかり考えていてはいけない。今死んでしまえば将来もないからである。今を生き残るために喫緊の課題について、未来図の実現の道筋と矛盾しない中で、「フォアキャスティング」(注2)、「現状改善型」で解決することを忘れてはいけない。

そして、⒠ "中長期的な目標とその実現のための道筋を可視化し地域社会で共有する"。それは、単なる思いや夢ではなく、頑張れば実現可能なものであることが重要となる。

フォアキャスティングは、帰納法的発想法 (注3) でもある。これまでの延長上に明るい未来が想定できないときは、帰納法的思考方法より、演繹法的な思考方法 (注4) が有効である。

帰納法では、多くの過去または現在の状況を調査して、結論を引き出そうとするので、当然、これまでの延長上に将来を捉えることになりがちである。これでは、未来に起こり得る変化を捉えにくく、新たな価値を創造しにくいといえる。

「新たな価値の創造の時代」には、「あったらいいな」「こんな社会にしたいな」を基点として、どうやったらそれを実現できるかを論理的に考える方法や、仮説を立ててこうやったらどうなるだろうと想像し、うまくいかない場合は、次の方法を考えるという演繹法的思考が有効となろう。

しかし、実務家公務員、とりわけ、現在上級管理者になっている人たちは、一般に、このような演繹法的思考が不得意である。これまでの仕事のやり方を踏襲し、上司の納得を得るため、あるいは「失敗したらどうなるだろう」と考え、詳細な現況調査や類似事例調査を求め、それにKKO（勘・経験・思い込み）の判断を加えて、結局、リスクが大きい

ので止めておこうと、新しい芽をつぶすことになりがちである。

　上級管理者は、自らは演繹法的発想ができないにしても、そういう発想でモノを考える組織文化を育てるべきである。

（注1）バックキャスティング：

　目標とする将来の社会の姿を想定、設定し、その姿から現在を振り返って今何をすればよいかを考えるやり方。現状の継続では破局的な将来が予測されるとき、あるいは将来に大変革が予想されるときに用いられる。

（注2）フォアキャスティング：

　過去のデータや実績に基づいて、その上に少しずつ物事を積み上げていくやり方。また、その方法で将来を予測すること。例：経済モデルを用いて（基本的にはトレンドラインで「こうなるだろう」と）将来需要を予測し、それに対応した施設整備計画を策定する。

（注3）帰納法：多くの観察事項（事実）から類似点をまとめ上げることによって結論を引き出すという論法。

（注4）演繹法：一般論や仮説、ルールに、観察事項を加えて、必然的な結論を導く思考方法であり、三段論法ともいわれる。

column
科学的方法論における「仮説駆動型」と「データ駆動型」

　筆者は、学生時代、科学的方法論について次のように学んだ。すなわち、「科学においては、いろいろなことが複雑に絡みあった現実や観察される事象の中に隠れている原理や仕組みを突き止めることが重要である。そのための方法として、帰納法的であれ、演繹法的であれ、研究者は、観察事項やこれまでの知見をもとに仮説やモデルをつくり（メカニズムや因果関係を解明し）、それに対し、実現象や実験結果をあてはめ、仮説やモデルの妥当性、有効性を検証するように」と。長く、この方法は有効だった。

　しかし、つい最近になって、「ビッグデータ解析」が可能となり、これまでの「仮説駆動型」の方法論を根底から覆す「データ駆動型」の方法論が現れた。データ駆動型では、モデルや仮説はあらかじめなくてもよい。コンピューター解析により、大量のデータから、こういう状態であればこういう状態になるということを導き出す。相関関係があれば何らかの答えが出る。しかし、「あったらいいな！」は、データ駆動型からは今のところ生まれない。「守破離」(注) という言葉があるが、仕事においてもこれまでの延長上からの「離」が重要である。

　想像力や感性、そして構想力を磨きたい。

（注）守破離：芸術や武道の修業における段階を示したもの。「守」は、師の教え・型・技を忠実に守り、確実に身につける段階。「破」は、それを発展させ、自分に合った型をつくることにより既存の「型」を「破る」段階。「離」は、師から離れて自分なりの独自の表現をする段階を示す。

⑦部分最適、短期的最適ばかり考えていませんか?

　バックキャスティングで考えることは、中長期最適で考えることでもある。その時には、全体最適の思考が必要である。

　色々な事柄は、複雑に絡み合っている。短期的には「あるところ(部分)だけ改善すれば、その部分の問題解決になる」ということは確かにある。しかし、それが中長期的最適、すなわち目指す将来像の実現のための最適な解ではないことがよくある。「合成の誤謬」は、一人ひとりの行動は合理的だが、それが合成されたときには部分最適が全体最適にならず、誤りとなるというものである。典型的な例は、東日本大震災のときにあったペットボトルの買い占めである。被災地域外でもペットボトルの水が不足するかもしれないと、多くの人がわれ先に大量に買い込むことは個人の行動としては誤りではないかもしれない。しかし、それが合成されると、全国的にペットボトルの市場への供給量が需要に対し一時的に不足し、必要なところで調達できなくなる。これは、短期的最適においてさえ、部分最適が全体最適にならない事例である。まして、中長期的最適においては、部分最適の集合が全体最適につながらないことは容易に想像できるだろう。

　バックキャスティングで考えるときは、部分最適・短期的最適を考えるのではなく、全体最適・中長期的最適となる目指す将来像・未来図をまず描く必要がある。図は、静岡県の清水港周辺のまちづくりの事例である。これまでのように、それぞれの地区(5つの地区)でそれぞれ部分最適・短期的最適の未来図を書いて実現に取り組んだとしても、それが全体で最適となるとは限らない。統一感なくバラバラになるか、競合する関係が生じる可能性が高い。10〜20年後のみなとまち全体の未来図をまず描き、その上で、各地区をどうするかを考えていく。そして、その将来像実現の通過点として5年後の姿を考えるという取り組みが必要となる。

　さて、行政組織も部分最適議論に終始していることが少なくない。

第3章　考え方(何をなすべきか)が最も重要　71

その理由としては、
・もともと、縦割型の組織形態の中で、結果が出やすい現状改善型、部分最適型の取り組みを選択しがちな組織文化がある
・さらに近年、事業評価などが個別の事業・取り組みごとに（部分的な便益と費用の比較によって）行われるため、全体に対する視点が弱くなっている

などが考えられる。

　部分最適は結果（アウトプット）が出やすいので、ついつい それだけで仕事をしたつもりになってしまう。一方で全体最適という総論やお題目を唱えるだけでは、実態を踏まえない理想論や夢物語になってしまう恐れがある。実務家公務員には、次のようなアプローチが求められる。
・全体として何が生じているか、個々の現場で何が起きているかという現状を把握する（例えば、地域づくりでは、様々な部分最適、短期的最適な取り組みが行われている。そしていろいろな絵に描いた餅のような現実性の乏しい構想が提案されている）
・全体最適・中長期的最適策（目指す将来像）を考える
・その上で、バックキャスティングで現状を見て、将来像の実現のため

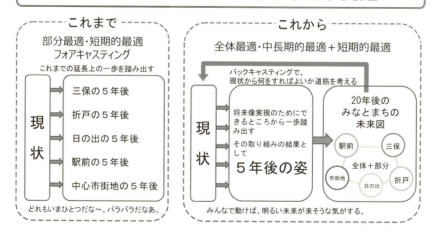

に何をどう進めていくべきかという現状からの道筋を考える

・その道筋に沿った形で、部分最適、短期的最適を考える

・全体最適、中長期最適が実現するよう、できるところから一歩踏み出す

---

⑧目指すべき社会や地域の姿を描いていますか？

　将来像・未来図を描くことは、社会が目指すべき姿・目標を明確にするという意義とともに、行政組織のミッション、すなわち「存在意義」や「行動理念」を明確にする意味がある。

　国、地方自治体の役割は、それぞれの地域の目指す社会の姿を描き、国民、県民、市民に提示し、それを実現することである。そのとき大事なことは何だろうか。

---

　i）目指すべき社会の姿は、どこにでもあるものではなく、場の力、地域特性を踏まえた独自のものとする

　これからの日本は、「地域の場の力と特性を活かした、その地域ならではの個性ある地域・社会づくり」が重要である。そこで大事なことは、無意識・無自覚にその社会が実現されるのではなく、その状態を実現できる社会システムを意識して設計し、実現していくことである。具体的には次のような社会が求められている。

・安全・安心がある（暮らしの安全・安心が大前提）

・経済的活力がある（質の高い雇用と所得による経済的安心があり、経済が回って地域社会が保全されている）

・子育て環境が充実している

・学びの場・機会が充実している

・生きがいがある（よい仕事がある。居場所がある。社会からの承認がある。自己満足できる）

第3章　考え方（何をなすべきか）が最も重要　　73

・老いても健康に暮らせる（健康長寿に暮らせる社会システムがある）
・風景や環境を大事にしている（環境と人のこころのつながり、文化的景観が拡がっている社会）
・人と人のつながり、地域（場や地域社会）と人のつながりがある（他者への思いやり、ぬくもりのある社会。大きな社会）
・人も企業も社会をよくすることに思いを持ち自ら行動している（参加型社会・共創社会）
・多文化が共生している
・高い文化力に憧れた海外から来訪者により、活力がある
・互恵、利他という社会道徳心・公共心が根付いている
・科学技術と社会システムの融合による環境問題や社会問題への優れた解決力がある（例：低炭素・循環型の社会システム）
・これらの文化力（科学技術を含む）が世界の尊敬を集め、世界から憧れられている
・文化の情報発信や地域間交流で国際社会にも貢献している

> **参考** 場の力とは？

　社会の目指す姿を描くためには、その社会が持つ「場の力」（その地域の固有の価値）を読み取り、理解することが必要である。

　「場の力」とは、地理、地勢、自然、経済力などの物的な力にとどまらない。社会の持つ文化的な力・ソフトパワーが重要である。例えば、以下のような、日本の文化力の強みも日本という「場」の「場の力」の大きな1つといえる。

- 四季の変化がある美しく豊かな自然の中で、人の暮らしとの関わりでつくられた美しい風景（例：里山や里浜の風景）
- 日本人の自然観、美意識
  自然（一木一草）に仏性神性を感じる。人とモノの調和を重んじる。自然と共存する知恵。自然や素朴なものに美を感じる心
- 食文化
- 共同体社会（支え合う社会・絆のある社会）、郷土愛
- 節約心。「もったいない」の精神
- 和を尊ぶ精神
- 伝統文化

　その地に住んでいる人は、意外にそこの「場の力」を実感していないことが多い。富士山を見なれている静岡県人が、富士山の存在という大きな場の力に鈍感なところがあるのはその例である。

場の力の例　　　　　　　　　　　　　（静岡市提供）

第3章　考え方（何をなすべきか）が最も重要

> ⅱ）人の心が動く具体的な未来像を描く。絵に描いた餅ではいけない。

　このような地域が目指すべき「社会の姿」「暮らし方」のもと、その地域の、"より具体的な社会や経済、場の姿"（どうやって地域経済を回すか、地域をどのような場にするか、どういう安全安心水準や住民サービスを提供するか）を描く必要がある。例えば、その地域社会を維持する（人がこころ豊かに住み続けることができる持続的社会を築く）ためには、地域経済が回ることが不可欠である。お題目を並べるだけではなく地域経済を回すための戦略、計画、実行計画に落とし込んでいける具体的な将来像・未来図を描かなければならない。

　そして、その実現のためには、多くの人の心が動いて地域ぐるみ、社会総がかりで新しい価値を共に創ることが必要だ。「新たな価値の共創の時代」を迎えている。

　共創のためには、人の心が動く未来図をどう描くかがポイントである。一般に、公務員は、手堅さを好み、実現可能性が計算できる未来図を描きがちである。経験知があるので、実現可能性をある程度予測できるため、目指す姿や目標を描くとき、習性として、「望ましさは高いが実現可能性が低いもの」を棄却し、「望ましさはそれほどでもないが、実現可能性が高いもの」を選択してしまいがちだ。

　そうなっては、一緒に、明るい未来を築いていこう、という方向に人の心は動かない。

　では、どうすればよいのか。未来図は、まず、「こうなればいいな、あったらいいな」とワクワクする内容であることが重要だ。そして、現時点では実現可能性が高いとはいえなくても、"頑張ればできるかもしれない、いやきっとできる"と思える現実感が必要である。そういうものであれば、共鳴・共感の輪が拡がり、多くの人が自ら進んで、知恵を絞り、実現のための道筋を考え、行動するようになる。思いもよらぬアイデアも生まれ、実現可能性がより一層高くなる。事例に示す、「伊豆

をサイクリングの聖地に」はその好例だろう。

事例 「伊豆をサイクリングの聖地に」

　"人の心が動く具体的な未来像を描く"を難しく考える必要はない。「伊豆をサイクリングの聖地に」は立派な未来像である。

　2020年に伊豆市で東京オリンピック・パラリンピックの自転車競技が開催される。「オリンピックのレガシーを」というのは、良いことだが、それだけではお題目に近い。一方、今そこにある道路幅員が狭いなどの問題を解決し、「自転車が走りやすい道路を実現」というのは実現の可能性の高い"手堅い話"である。しかし、これでは協働・共創は生まれにくい。「聖地に」という言葉は、望ましさが高く、ワクワクと心が動かされ、共感できる。この共感の輪を拡げ、未来像実現のための具体的道筋を描き、多くの人がその実現に参加すれば、"聖地"になる日は近い。

---

⑨常に「目的・目標を実現するための具体的戦略」を考えていますか？

「戦略とは、目的・目標を効率的あるいは短期間に実現するための具体的な方法」である。

　行政機関においては、しばしば「戦略」という言葉が使われるが、いったい今までに、いくつの「戦略」が書かれ、そのまま実行されずにきたことだろうか。そもそも戦略というものは、国家、企業、地域などによりそれぞれ異なる。国家においては、「いかにその国へ平和と発展と国民の幸せをもたらすかの具体的な方法」であり、企業にとっては「限られた資源の中で、どの分野を選択し、どこに資源を集中し、いかに（中長期的に維持可能な）競争上の優位性に立って利益をもたらすかの具体的な方法」といえる。あるいは「投資の選択と集中、それを実行

できる組織づくりと人の動かし方である」としてもよいだろう。いずれにしても、戦略とは、お題目を並べることではない。

　一方、総合行政機関である地方自治体にとって、戦略は企業のものとは少し異なる。なぜなら、選択として、「わが県は、教育分野ではなく福祉の分野を選択し、そこに資源を集中して勝負する」というわけにはいかないからだ。濃淡はあっても、教育も福祉も一定水準のサービス提供が不可欠である。また、他地域との競争上の勝ち負けが選択の基準とはいかない。特定の分野で一番となり、他はさっぱりダメというのではなく、各分野で地域の特性に応じ、いかに施策を選択し、バランスを確保しつつ、資源を配分して結果を出すかが問われる。すなわち、**地方自治体における「戦略」とは、限られた予算と人員の中で「地域の目指す姿や目標を最も効率的に、あるいは短期間で実現するための具体的な方法」**といえる。

　戦略とは、実現のための道筋や過程、すなわちこうすればああなり、その後こうすればこうなり……と、どうすれば実現できるかを考え抜き、具体的な方法を提示することである。この戦略を立てる上で重要な点を2つ触れたい。

ⅰ）何をどうやって実現するかを PDCA サイクルで書く

　PDCA サイクルは、目標を実現するための具体的な方法を Plan（計画）、Do（実行）、Check（Dの結果の評価・検証）、Act（計画や行動方法の変更）、新計画（P）の策定……と継続的に取り組むものである。計画や目標実現の方法として、PDCA サイクルの重要性は定着してきた。国や県などの政策・施策においても、「PDCA サイクルを回す」ことが必ずといっていいほど強調される。

　しかし、行政組織が「PDCA サイクルを回す」場合は、How（どうやって）について科学的・論理的・実践的な部分が乏しく、単に「頑張ります」という精神論に近いもの、あるいは施策が羅列されているだけのものが散見される。これではサイクルは回らない。

本来、PDCAサイクルは、「達成すべき目標、質の水準を具体的に定め、それを実現するために科学的・論理的に説明可能な形で実行方法を定めるもの」である。「P」はPlan（計画）だが、このPにおいては、What（何を）とともに、How（どうやって）を定めなければならない。
　それぞれの課題に応じた科学的アプローチ、すなわち各種データの収集・分析、戦略の策定、具体的目標の設定、KPI（注）の設定、あるいはサイクルを回すプラットフォームや社会システムの設計と設置などが必要である。
　事例は、静岡県の政策体系とPDCAサイクルである。「P」の中に、「何を実現するか」とともに、「どうやって実現するか」について具体的取り組みや数値目標が入っている。

（注）KPI：Key Performance Indicators。重要業績評価指標あるいは目標の評価指標。

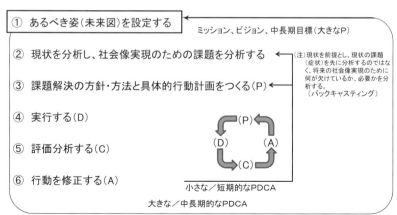

最近の政策立案手法の特徴

第3章　考え方（何をなすべきか）が最も重要

事例 静岡県の政策体系と PDCA サイクル

　静岡県では、県政運営の基本理念として、「富国有徳の理想郷"ふじのくに"づくり」を掲げ、静岡県総合計画「後期アクションプラン（平成26年度〜29年度）」に基づき、理想郷の実現に向けた取り組みを進めた。

　アクションプランでは、数値目標を明示（"ふじのくに"づくりの戦略体系：数値目標数32、戦略ごとの具体的取り組み：数値目標数268）するとともに、施策実現のための主な取り組みについては、年次を追って取り組み内容が明らかになるよう、4年間の工程を明示している。

　また、アクションプランの取り組みについては、毎年、①評価書による自己評価、②評価部会による外部評価、③総合計画審議会での審議、④パブリックコメント、⑤県議会（常任委員会）での審議—を経て、その結果を「"ふじのくに"づくり白書」として公表するとともに、次年度以降の施策展開に反映させている。

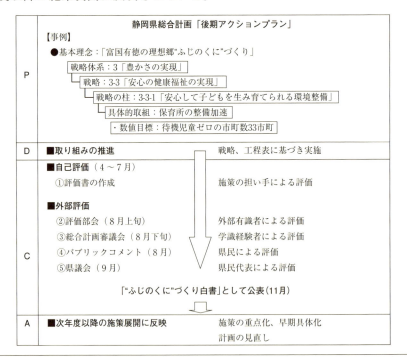

ⅱ）社会の反応を想像して、戦略・戦術を考える―想像力を磨く

　問題解決や新たな価値づくりは、論理だけでは実現できない。なぜなら、最後は人の評価・行動にかかっているからである。「理屈はそうかもしれないが、それでは人は動きませんよ」というやりとりは、現場ではよく見る風景だ。また、戦略戦術を考えても、それが、社会の反応、利害関係者の反応を想像したものでなければ、独り善がりの戦略戦術となり、破綻してしまう。

　想像力、すなわち、あることに対して世の中や人がどういう反応をするかをあらかじめ想像する力（その反応の内容の良しあしは関係なく、そういう反応をする人がいることを理解する力）を磨きたい。さらに、なぜそういう反応、心の動きとなるのかを分析し、それを踏まえて、動き、一緒に行動してもらえるようにする力や、人を巻き込んでいく力（共創力）が必要である。

　目標を実現するための行程を設計する時に、人は無意識に自分の都合あるいは甘い想像力に基づいて、相手も分かってくれるはずと、利害関係者の反応を設定しがちである。思いの強い人ほど、そうなりがちだ。しかし、世の中には、必ず、違う反応、斜に構えた反応をする人がいる。中には、あいつの言うことだけは何でも反対、足を引っ張ってやろう、という人もいる。そのような反応に向き合うためには、相手の立場に立ち、そういう反応をしがちな人の側から想像してみることが重要である（あまり愉快でないこともあるが）。このためには日頃から、多様な価値感・考え方の存在を認め、様々なタイプの人に接しておくことが必要である。マーケットイン型の思考力（“マーケットや人が何を求めているのか”を観察・調査・洞察し、新しいモノ・コトの提案に対してマーケットや人がどう反応するか、心がどう動くかを想像する力）を身に付けておきたい。

　一方で、その反応を前提に、「落としどころ」に躍起となって安易に、あるべき姿・目標を変えてはいけない。どうすれば、あるべき姿、

目標を変えることなく、無用の戦闘や摩擦を回避できるか、戦略・戦術を練ることは忘れてはならない。

「彼を知りて己を知れば百戦殆うからず」はあまりに有名な孫子の兵法の言葉だ。この「彼を知りて」は、単なる情報の収集だけではなく、相手の反応の想像も含まれる。ここでいう人の反応に関する想像力は、どう言えば相手が気持ちよくなるかを想像するという、単なる「人たらし」の技術ではない。人の感情・感動、思い、思考パターンに対する感度を高めることである。

column

「いい人」の腹を見る

筆者が50歳のころ、あるカリスマ経営者が明るく次のような話をしてくださった。

「自分は２代目経営者だが、父のところへは各界の色々な人が来る。自分が40歳のころ、父から、ある方との面談に同席するように言われた。その方が帰った後、父から“今のあの人をどう見た”と聞かれた。自分は、“純粋で素晴らしい方だと思います”と答えた。すると、父は、“お前はあの人の真っ黒の腹の中が見えなかったのか”と。そのときはそう言われても自分には見えなかったが、今70歳になって、あの時、父が言っていたことがよく分かるようになった」

なぜ、この方が私にその話をしたのか。後になって、ぞっとしたものである。“あなたの腹の中は見える人には見えていますよ。お気をつけなさい”ということだ。

さて、「いい人タイプ」の実務家公務員でよく見られるのは、「自分目線」である。「いい人」は、相手の反応を想像するときに、相手も自分と同じ目線（いい人目線）でものを見て、考えているだろうと思いがちだ。しかし、世の中は「（その人が思うような）いい人」ばかりではない。相手は（当然）想定外の反応をする。それでもなお、この「いい

人」はなぜ相手がそういう反応をするのか分からない。だから何度も相手の虎の尾を踏むことになる。

いい人は、「人のいい人」ではあっても、結果が出せないのであれば「実務家公務員としていい人」ではない。

---

⑩目指す姿の共有・共鳴・共感を意識していますか？

行政機関は、自らの予算と実行組織を持つため、法律や制度をつくり、予算をつけ、自分たちだけで問題解決を進めがちである。このように、自分の「計算可能領域」で仕事を進めることは確かに楽だ。

しかし、**現在、地域社会が直面している社会の複雑な問題を解決するためには、役所が何かすればそれでうまくいくという場合はほとんどない。地域ぐるみ・社会総がかりの取り組みが求められる。どうすれば地域ぐるみ、社会総がかりの取り組みにして、より効果・成果を挙げることができるかという意識を持つことが重要になる。**

目指す姿の実現のためには、そこに暮らす一人ひとりの「社会（国土・郷土・地域社会）を良くすることに貢献したい」という思いと行動（社会への深い関わり）が極めて重要だ。しかし、各自がバラバラの動きでは相乗効果が限られる。(注1)

価値観や考え方の異なる人の共鳴共感を得て、地域ぐるみ、社会総がかりで新たな価値を共に創り上げていくという「共創」には、労力と時間がかかる。けれども、それがうまくいったときの効果は極めて大きい。特に、地域ぐるみ、社会総がかりの仕組み、すなわち「社会システム」や「プラットフォーム」があれば効果・成果は飛躍的に大きくなる。(注2)

図には、目指す姿を実現する仕組みを示した。多くの人が共に行動して目指す姿（目標）を実現するためには、まず目標の共有が必要だ。目

第3章　考え方（何をなすべきか）が最も重要　　83

標に共鳴共感し、人の心が動いて行動（小さな協働・共働）が始まり、これによって、（小さいかもしれないが）新たな価値が共創されていく。

　それが成功体験となり、参加・行動の意欲がますます高まる。また、それを参考にして、共鳴共感し、参加する人が増える。行動する人の輪はどんどん拡がって、共創も増える"好循環"につながり、地域の強み・文化力となる。

　この目標の共有—共創のサイクルは、地域づくりだけではなく、組織やチーム内の仕事でも同様に大事だろう。

（注１）より正確には、その地域で暮らしている／暮らし続けたいという「帰属意識」、その場所を自ら参加してよくしたいという「参加意識」、参加の意識が高まる「成功体験」や「有力感」が重要である。㊹参照。
（注２）「社会システム」や「プラットフォーム」については㉔参照。

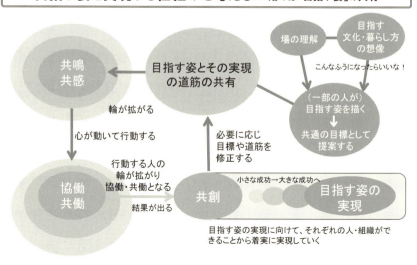

column

クルーズ船寄港の新時代

　2010年頃、国土交通省九州地方整備局に勤務していた。中国発着のクルーズ船の需要が増えつつあったが、その増え方がこれまでの単純延長上にはなく、インフレーションと言っていいほど急拡大していくことは、九州北西部を円の中心とする半圏1000ｋm以内の人口と所得水準の将来を分析すれば、容易に想像できた。そこで、港湾を管理している県や市に対し、クルーズを活用した経済活性化（クルーズアイランド九州構想）を呼び掛けた。それに対する反応は、

　　A県：そんな将来がすぐに来ますか。なるほど。この港には外国のク
　　　　　ルーズ船の寄港は今はゼロですが、近い将来、クルーズ船の寄港
　　　　　でにぎわっている姿が想像できます。すぐに準備にかかります。
　　B市：（この港に、クルーズ船が１日４隻同時寄港するという時代は
　　　　　近いという）あなたの言うような将来は想像できない。仮に、
　　　　　そういう時代が近くなったと思ったら、それから岸壁やターミ
　　　　　ナルビルの拡張を始めれば間に合う。

　当時、確信を持って呼び掛けたにもかかわらず、理解してくれないB市の反応に対し、なぜこの人たちは分かってくれないのかと思った。しかし、今になってみれば、筆者の説明は分析的かつ直接的すぎたかもしれない。相手の価値観や思考パターンを考慮してどういう説明をすれば相手が理解してくれるかという想像力と共創力が欠けていたように思う。

事例1 目指す姿の共有と協働の事例：「清水港客船誘致委員会」の30年間の取組

1990年2月23日に「クイーン・エリザベス2」が清水港に寄港。これが契機となり、清水港に客船誘致の機運が高まる。
⇒2020年4月に再び寄港予定

「白い船（＝客船）を清水港に！」をスローガンに
1990年4月1日、全国に先駆け「清水港客船誘致委員会」設立！
県・市・商工会議所・観光協会等、官・民で構成。
会長は設立当初から、望月 薫 氏（アオキトランス会長）が務める。

誘致活動
- 国内の船会社への訪問
- 海外の船会社への訪問
- 海技教育機構への訪問
- 販売総代理店、船舶総代理店への訪問
- チャータラーへの訪問
- ランドオペレーターへの訪問

⇒清水港周辺の魅力と港湾機能をPR

歓迎事業
- 歓送迎演奏、演舞の実施
- 寄港歓迎セレモニーの開催
- 出店、両替、観光案内等の臨時開設
- 日本文化体験ブースの開設
- 清水芸妓によるステージショーの実施
- 通訳ボランティアの確保

⇒満足度を上げリピーター獲得を目指す

事例2 目指す姿の共有と価値共創の事例：「清水港・みなと色彩計画」25年間の取組

【1980年代まで】
紅白の煙突や老朽化したタンク、倉庫が立ち並ぶ美しくない港

【1990年】
身近で親しみやすい憩いの空間を回復することを
目的とした「レディス・マリン・フォーラム」が設立

【1991年】
「清水港・みなと色彩計画」の策定
（官民で構成する「清水港・みなと色彩計画策定委員会」が計画をまとめる）

【2016年】
国土交通大臣表彰「手づくり郷土賞大賞」を受賞

【現在】
民間企業の協力により、臨港区域内の施設はアクアブルーとホワイトを基調とした色彩に彩られ、**富士山と海と港湾施設が融合する**他に類を見ない美しい景観を形成

「清水港・みなと色彩計画」に基づき模様替えしたガントリークレーン

⇒ （「公による規則」ではなく）民主導による
　　価値共創の先進事例

第**4**章

意欲を高める

> 　日本社会において、公務員、とりわけ地方公務員は、世間一般からは「熱意がない」と見られがちではないか。実際には、熱意を持って固い地盤をコツコツ穿いている者が少なくない。
>
> 　熱意は、個人の意欲として、個人の責任や努力に属するものだけではなく、所属する組織の文化・制度など、様々な事項が関係してくる。一朝一夕に解決・改善するものではないが、改善を続けなければならない。

「思い切なれば必ず遂ぐるなり」。この言葉は「正法眼蔵随聞記」に出てくる曹洞宗の開祖道元のものだそうだ。

「仏道で悟りを得るためには、まず何よりも仏道を喜び求める志が切実でなくてはならない。切実に思うことは必ず遂ぐる（成就する）ことができる」と教えている。私は、この言葉を野呂田芳成著「思い切なれば必ず遂ぐるなり」（PHP研究所）で知った。大事にしたい言葉である。

さて、日本は熱意ある社員が多いと思われがちだが実際は、どうだろうか。

2017年の米ギャラップ社（世論調査や人材コンサルティングの米大手）が発表した世界各国の企業を対象に実施した従業員のエンゲージメント（仕事への熱意度）調査によると、日本は「熱意あふれる社員」の割合が6％。米国は32％で、日本は調査した139ヵ国中132位という最下位クラスだった。

世論調査は、手法などの問題から、結果をそのまま単純に受け入れるべきではないとはいえ、日本は世界で下位に位置することは間違いない。公務員もその例外ではない。

熱意は、個人の責任や努力に属するものだけではなく、所属する組織文化・制度など様々な要素が関係してくる。

組織文化・制度について論じるには紙幅が足りないが、「意欲を高めるための個人の心の持ち方」を取り上げてみたい。

---

⑪ついつい楽な方に流されていませんか？

公務員は楽な方に走りがちである。典型的な型は次の8つといえる。

ⅰ）できない理由を並び立て、あるいは、「問題の構造や課題を解説」して、自己満足するか、「難しい」で思考停止する

ⅱ）前例がない、で終わりにする

ⅲ）自分を安全の高みにおいて、リスクを人に押し付ける

ⅳ）自分の専門外なので私はよく分からない、と逃げる

ⅴ）見なかった、聞かなかったでフタをし、何もしない

ⅵ）自分は担当ではなく○○が担当とし、たらい回しにする

ⅶ）決断しないで問題を先送りにする（「検討します」）

ⅷ）先を考えないで取りあえずできることだけやる

役所の場合は、自分が楽な方に流れて何もしなくても、すぐに組織はつぶれない。自分の給料も下がらない。一方で、流れに逆らうと、様々な抵抗があり、立ち向かうには精神力が必要である。だから、心の中に楽な方向に流されてしまいなさいという誘惑がある。また、長いものには巻かれ、自分の立場を守ろうとする性向（「役人の性弱説」）があるともいえる。しかし、行動しないことは社会に不利益をもたらす。逃げて"決断しない、行動しないことの社会的不利益・リスク"に思いを致し、自分の良心に問い掛けなくてはならない。「大過なく勤め上げました」と思っても、実は行動しないことで、大過をしていた可能性があるのだ。

前述のⅰ）〜ⅷ）のうち、特に日常起こりがちな実務家公務員の「姿勢」を3つ述べてみる。

> ## ⅰ）「できない理由を並び立てる」「難しいで思考停止する」

「できない理由を並び立てる」は、「問題の解説」で終わる人である。「今の制度は○○なので、それはできません。制度は変えるのは難しいです」で終わる、あるいは、問題の構造をべらべらと述べ、だからできませんと解説する。このタイプは、自分はいかに賢く、よくものを（特にこの問題の難しさを）知っているかを示すために解説する。一見、賢そうでも、結局は「難しい問題」として放置し、難しい問題だから解決できなくても仕方ないと自分の心を安定させる。

「解決より解明をしたがる」タイプもいる。「今のままでは解決できないので、まず何が問題の本質なのかを解明しましょう」とする分、前向きではあるが、解明自体を楽しみ、解決策の提案までには至らないことが多い。もちろん、解決のためには、現状を知り、どこに問題の本質があるのかを解明することは重要である。(注) しかし、そこにとどまらず、解決を意識しなければ意味はない。

次は、「難しいで思考停止する」タイプである。公務員の後ろ向き姿勢を代表する言葉は、「難しい」と「検討する」ではないだろうか。役所は、難しい社会問題の解決のために存在するといっても過言ではない。解決のためには、判断が求められる。そのときによく出てくる言葉が「難しい」である。そして、そこで思考停止してしまう。

“役所の判断には「できるか、できないか」しかない”と認識すべきだ。「難しい」は判断ではなく、感想である。「できない」場合は、「本質的にできない、あるいはやってはいけない」か、「様々な解決すべき課題があるので、解決には一定の時間がかかる。そのため、時間内にはできない」かのどちらかである。

後者は、「時間をかければ、できる（可能性がある）」ということである。これらを整理することなく、「難しい」で思考停止し、「検討しま

第4章 意欲を高める　89

す」とその場を取り繕い、その後は検討しない。これではいけない。

　また、「できる」も「無条件にできる」ことはまずない。何かを解決することで「できる」となる。「難しい」で終わりにせず、何がなぜ難しいかを分析した上で、固い岩盤にコツコツと穴を穿つように、解決策を見いだしていく姿勢が実務家公務員には必要である。たとえ自分だけで、あるいは自分の時代には解決できなくても、穿った穴は次につながる。

（注）研究者にとって、問題の解明は重要で、社会的意義も大きい。また、研究者による問題の解明は、しばしば特定の境界条件の下に行われるが、それは真理の追求において重要な手法である。しかし、実務家公務員が独り善がりの境界条件や仮定を設定し、現実の社会にはあり得ない単純化された状態の中で問題を解明し解決したつもりになっても、社会にとっては何ら価値はない。

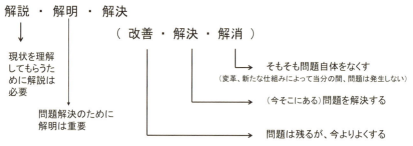

| 事例 | 「本省ができないと言っています」 |

上司：こう改善したい。

部下：国土交通省の本省は、"法律の解釈上、それはできない"と言っています。だからできません。

上司：「本省」という組織はものを言わない。言うのは人。誰がそんなバカなことを言っているのか確認せよ。

部下：入省2年目の方でした。その上司に確認したところ、できることが判明しました。

⇒「できない」理由を誰かのせいにして、思考・行動停止する。又は、楽をする典型例。

ⅱ）「前例がない」で終わりにする

　公務員が批判される行動パターンの1つが「前例主義」である。現在の法制度を前提に、「今の制度は○○なので、それによると△△であり、実際そのようなことをした前例はありません。よって難しいです」という反応である。

　法律や制度、前例は、過去からの延長上にあるものである。過去の社会環境においては、その法律等は機能していたはずで、だからこそその法律が作られた。それらが、今の、あるいは将来の社会に適合していなければ変えればよい。**前例がなければつくり出せばよい。起業家精神はベンチャービジネスだけではない。公務員は、新しい社会システムや制度を自らつくりだすことができる。行政組織の中でも、イントラプレナー（組織内起業家）になれる。それこそが公務員の仕事の楽しみであり矜持となるのではないだろうか。**

　例えば、自ら、組織内起業家となり、地域に貢献する新しい社会モデルや、ビジネスモデルを提案し、育てる（タマゴを産み、あるいは産むのを助け、孵卵器でタマゴを温め、かえったら、ゆりかごを用意してヒ

第4章　意欲を高める　　91

ナを育てる）ことも重要な仕事である。もちろん、公務員をやめて、起業することもできる。

　パソコンの生みの親であるアラン・ケイの「未来を予測する最良の方法は、それを発明することである」という言葉は大いに参考になるはずだ。

事例　港湾の保安対策

　2001年9月の米国同時多発テロの後、2002年12月、IMO（国際海事機関）において、米国主導でSOLAS条約（海上における人命の安全のための国際条約。タイタニック号海難事故後に企図され、1929年採択）の改正が採択され、2004年7月（条約の規則の発効日）までに日本の船舶、港湾もテロ対策の強化を求められた。港湾については、国際輸送に従事する船舶（国際船舶）が出入りする港湾では、船舶が接岸する岸壁周辺をフェンスなどで囲い、入出管理や監視などの自己警備が求められることになった。それまでの港湾は釣り人が国際コンテナターミナルに平気で立ち入りするような状態だったが、1年6カ月内に、条約に対応した法律制定と、それに基づく保安対策の実施が求められた。試算してみると、フェンスや監視カメラの設置などの施設整備費が日本全体で1000億円以上かかり、しかも人員の配置などの経常経費も膨大で、地方自治体や民間事業者にはたいへんな負担になる。

　国土交通省港湾局には当初、これは海上保安庁などの「警察行政の問題」と逃げを打つ担当者もいた。港湾局の別の課で室長をしていたA氏はその認識不足に危機感を覚え、港湾局長に対し、プロジェクトチームを立ち上げ、自らチームリーダーとなることを申し出た。

　港湾局内では、テロ対策は、港湾の管理運営上、未経験の（前例がない）分野だったことから、港湾局が責任を持つことに躊躇する者も少なくなかった。しかし、本質は、"港湾の施設の管理者や運営者が、国際海上輸送ネットワークに関わる一員として自己警備の重要性を理解し、テロへの保安力を高め、国際社会に貢献する"ということであった。結局は、A氏がプロジェクトリーダーとなり、チームメンバーの献身的な

努力と、危機感を共有した港湾関係者の理解・協力のもと、2004年4月に「国際船舶・港湾保安法」が成立した。それに基づいて各港湾での保安計画の策定、保安施設の整備、監視・検査の強化、人材育成などが実施された。

　余談だが、国際船舶が利用する水深の深い岸壁の立ち入り規制をするため、当時、釣り関係の団体からの強い反対があり、いまだに釣り人からは大いに恨まれているようだ。しかし、必要なものは少々の抵抗があっても進めなければならない。

　この事例で、問題の解説、解明、解決について整理してみる。

問題の解説：改正 SOLAS 条約への早急の対応が必要だ。しかし、日本の港湾では、釣り人が港湾に自由に立ち入れることに象徴されるように、保安対策はほとんど行われていない。期限内に対策を実施するのは難しい。

問題の解明：港湾の保安対策は、ⓐ警察や海上保安庁などの警察機関が、港湾の管理・運営者に対し、"警察行政"として保安対策の強化を義務付けるべきものなのか。それとも、ⓑ港湾の適正な管理運営の観点から、"港湾行政"として、国（国土交通省港湾局）が、港湾の管理・運営者に対し保安対策の強化を義務付けるとともに、その実施を支援すべきものなのか。このどちらが適切なのだろうか？SOLAS 条約の制定・改正の趣旨を踏まえ、検討し解明しなければいけない。

問題の解決：1年半後までに、現場の対策を実施し、国際水準の保安対策を実施しなければ、国際船舶の日本の港湾への寄港が制限され、日本は大打撃を受ける。議論している時間はない。法律を作り、施設整備の補助予算を獲得し、人材育成のための研修を行い、実行しなければいけない。議論の余地はあるが、とにかく決定が必要だ。これは、警察機関が取り組むべきものではない。国土交通省港湾局には、日本中の港湾の保安対策を期限内に国際的な要求水準まで高める責務がある。

| 事例 | 地域商社の育成（インキュベーション）のためのチャレンジ事業 |

　食品・食材については各地域はよい製品・商品（プロダクト）を多数持っている。しかし、マーケットの声を聞き、それに合わせてプロダクトをつくる"マーケットイン"が弱い。これは、多くの地域が販路開拓やマーケット情報、商流について、全国展開する商社等に委ねてきたことが主因である。マーケット情報が間接的となり、適応が遅れがちとなる。また、他の競合商品との差別化が不十分なので買い叩かれ、いつ取引を切られるか分からない。

　Ｓ県のＳ課長は、地域産品の輸出促進のための商社機能を担う企業（いわゆる地域商社）を育成することが重要であると判断した。自らが中心となって、県庁内に地域商社を育成するチームを結成した。チームでは、ⓐ第３セクター方式の地域公社の設立案とⓑ民間主体の地域商社の設立案のどちらにするかを検討し、ⓑが適していると判断した。Ｓ課長は地域商社機能を担う事業計画を公募とし、優れた計画に対して、予算的支援を行うとともに、専門家が助言する「地域商社チャレンジ事業」の予算を確保した。その後、事業者を公募し、選定された事業者と一体となってこの地域商社のインキュベーション (注) に取り組んでいる。

　（注）インキュベーション：孵卵・培養・保育の意味。ここでは、設立して（卵がかえって）間がない新企業や新事業を地方自治体などが、経営技術・資金・人材などを提供するなどにより育成すること。

> ### ⅲ）自分を安全の高みにおいて、リスクを人に押し付ける

　失敗するかもしれない、解決できないかもしれないというリスク、あるいは自分の責任が問われるリスクばかりを考えて、"決断しない"、"行動しない"、"責任を回避して他にリスクを押し付ける"という事例は枚挙にいとまがない。次の大型連休期間のテロ対策の事例は、「何かあったときの責任」というリスクを他に押し付ける典型だろう。また「自分が決断しない、何もしない（リスクを取らない）ことにより（今

は見えないが将来確実に）発生する不利益（不作為による不利益）」を
他に押し付けるということもしばしばある。

　このような**行動**は、個人の「考え方」によるものだとしても、属している**組織文化**が大きく影響しているケースは多い。「そつのない人」「大過のない人」が早く昇進する傾向のある組織は要注意である。

> **事例** 大型連休期間のテロ対策

　「公共交通機関においては、大型連休中のテロ対策を強化するように」という要請を国が発する。国→県／市町村→交通事業者という形でこれが伝達される。県／市町村は国からの要請文を交通事業者に単に機械的に流し、それ以上何もしない。これで責任（あるいは義務）を果たしたとして、自分を安全の高みにおく。交通事業者は巡視や監視を強化する。それにもかかわらず、いったん何か問題が発生すると、国・県／市町村は、「交通事業者には伝達した。実効性ある形でテロ対策が現場で十分に行われなかった」と交通事業者を悪者にする。

> **column**
> ## 「やらまいか」と「やめまいか」

　静岡県西部地域（浜松市周辺）では、何かやろうという提案があったときに、多くの人が「やらまいか」（やってみようじゃないか）と反応し、静岡県中部地域（静岡市周辺）では「やめまいか」（やめておきましょう）と反応する、とよくいわれる。個人の性格は、固有のものだけではなく、家庭や地域の文化に影響される傾向もあるようだ。病気の発症が、遺伝子要因と環境要因に影響されることと同様である。ただ、組織文化という環境要因は変えることも可能である。

　コップに水が半分入っているときに、「半分しかない」と思うか「半分もある」と思うかで大きな違いが生ずるという。「予算がこれだけしかないのでできません」で終わることなく、「十分とはいえませんが、これだけ予算があるのでここをこのように工夫していけば……できます」という組織文化を育みたい。

第4章　意欲を高める　95

⑫日々の仕事で、直接社会に貢献していると実感できていますか？

　多くの人が社会に貢献したいと思っている。しかし、一般に、日々の仕事は、何らかの形で社会に貢献しているものの、直接的な貢献は実感しにくい。そうした中で、**実務家公務員は、日々の自分の仕事が、直接社会に貢献していると実感できる点で恵まれている。それを幸せと思い、仕事への意欲をさらに高めたい。良い仕事をすれば、それが社会や自分の属する組織からの評価に反映され、また幸せを感じることができるはずである。**

　地方自治体、特に市町においては、"この意欲を高める"ことが一番難題といえるかもしれない。意欲は考え方や能力に影響する。意欲がなければ、考え方が後ろ向きになり、能力を磨こうとはしない。そして、その状況が同僚や部下に蔓延する。

　意欲を高めるのに特効薬はない。個々の組織文化、制度を考慮した上で、ありとあらゆる方法で取り組むしかない。

column
父のボランティア

　父は個人商店を経営し、忙しいものの商売としては成功していた。店の仕事の傍ら、雨の日も風の日も毎朝近くの通学路に出掛けて、交通誘導を行っていた。高校生のころの私は、その活動が理解できなかった。

　「なんで忙しいのに、一銭にもならない交通誘導をするんだろう？」

　私が国家公務員になったとき、父は本当に喜んでくれた。なぜあれほど喜んでくれたのか。真意を測りかねていたが、どうやら一番の理由は、毎日の仕事が即、社会貢献につながる公務員という仕事に息子が就いたからだったようだ。父は、交通誘導を通じて社会貢献を実感していた。その思いに気付いたのは父が亡くなってからであるが…

column
何のためにトップになりたいのか

首長を見ていると、2つのタイプがある。首長という地位に就きたいから、なろうと思い、なった人。もう1つは、首長になってやりたいことがあるからなった人。後者は、やりたいこと、実現したいこと（将来像、ビジョン、目標）を明確に打ち出す。

参考 企業の社会的役割…古森重隆　富士フイルムホールディングス会長・CEO

企業の社会的役割とは何か。それは、社会に役立つ商品・サービスを創り、適正な利潤を上げ、その利潤を元手に社会にさらに役立つ未来の商品やサービスを開発するための投資を行いながら、存続し続けることだと思う。

今日、世界には貧困、戦争、紛争、テロ、地球温暖化、資源の枯渇、食糧問題などといった社会的な課題が山積しており、国や公的機関だけで解決するのは難しいため、民間企業にもその役割が期待されている。

企業たるもの、己のためのみならず、大義に従い、社会のために尽くす存在でもあるべきだ。（日経ビジネス　2017.11.27.P124）

> ⑬「小さな成功体験」を楽しんでいますか？

地方公務員に一番欠けているのは「熱意」や「意欲」だと社会から思われていないだろうか。意欲を高めるために、地方自治体は、トップのメッセージ、意欲の向上につなげる個人の業務の評価システムなど様々に取り組んでいる。ただ、外部からの強制ではなかなか変わらない。**意欲を高める最も有効な方法は「小さな成功体験」だと思う。そこから「楽しい」「おもしろい」が生まれ、意欲につながる。**(注)

第4章　意欲を高める　97

「小さな成功体験」を若いころから積み重ねていくことが重要で、組織はそれが体験できるような文化を醸成し、システムとして根付かせなければならない。

（注）まさに、論語の子曰く、「之を知る者は、之を好む者にしかず、之を好む者は、之を楽しむ者にしかず」である。「……すべき」という教えではなく、進んでしたくなるようにすることが重要である。

column
妄想力

ソニーでプレイステーションを開発した久夛良木健氏の言葉。「どんな未来を作りたいか、どんな魅力的なサービスや製品を生み出したいか、という『妄想力』も好きだ。妄想からの逆算で戦略を練れば楽しいのでは」。

実務家公務員の場合、「社会貢献」という使命感で意欲を高める人もいるが、教条的だと思う人も多かろう。

「こんなものがあったらいいね」「こんな社会になったらいいね」と妄想し、それを実現できれば実に楽しい。

筆者の過去を振り返ってみても、若いころ、実に小さなことだけれど、「こんな制度や仕組みがあったらいいね」と発想し、それを試す環境があり、実際にやってみてそれができた、楽しい—嬉しいということが意欲の源泉になっていた。

column
あれは自分がやった

「あれは自分がやった」という人がよくいる。「○○さんは、私が出したアイデア、私の書いた実現のための道筋・シナリオに沿って動いていただけなのに…」「何だあの人は…。本当は自分がやったのに」と周囲に思われている人だ。

この○○さんには、見栄を張りたいタイプと、本当に自分がやったと思い込んでいるタイプがいる。

どちらであれ、このように「自分がやった」という人が多いほどプロジェクトは成功したに違いない。なぜなら、「自分がやったと錯覚又は信じ込める」ほど、皆主体的に動いたからである。実際にそういう人がいなければ、プロジェクトは成功しなかっただろう。それは、人が動く仕組みを設計した「あなた」がいて、それが機能したということであり、まさに「あなた」の狙い通りといえる。その反応を喜ぼう。

ただ、そうであっても「あれは自分がやった」と言わない方がよい。役所の仕事は、組織全体やチームで実行される。過去の膨大な蓄積の上に出来上がったシステムが働き、実に多くの人が大なり小なり陰日なたに貢献し、はじめて結果が出るのである。「あれは自分が立案した」「あの一部は自分がやった」といえるとしても、「あれは自分がやった」とまではいえない。

筆者が関わった羽田空港の事業で（巻末に紹介）は、滑走路増設についての航空政策の策定から場所の選定、費用負担の調整、予算確保、建設事業まで実に様々な人々が携わっている。建設事業のある部分を最終段階で担った筆者は、自分たちのチームが第四滑走路の供用開始時期の目途を付けたという自負はある。しかし、このチームも大事業のほんの一部に一時、関わったにすぎない。それでも、チームの多くの人が「あのプロジェクトのある部分は自分がやった」と思っているだろう。そして、それは実際にそうだからだ。

第4章　意欲を高める　99

| 参考 | 自己実現の欲求と成長欲求 |

　米国の心理学者マズローは、人間の欲求を、5段階の階層で理論化した（マズローの欲求段階説）。人は、下の階層の欲求が満たされると、より高次の欲求を求めるとする。

・自己実現の欲求（自分の能力や可能性を最大限発揮し、具体化して自分がなりたいものになる）
・承認（尊重）の欲求（自分が集団から価値ある存在と認められ、尊重されることを求める）
・社会的欲求／所属と愛の欲求
・安全の欲求
・生理的欲求

　米国の心理学者アルダファーは、このマズローの学説を踏襲し、経営学の理論としてERG理論を提唱した。ERGは主要な3つの欲求の頭文字をとったものである。

E：Existence（存在欲求）
R：Relatedness（関係欲求：重要な他者と良好な人間関係を持ちたい。他者から認められたい）
G：Growth（成長欲求：自分の能力を伸ばし、苦手分野は克服したい。創造的・生産的でありたい）

　マズローの欲求段階説では、最高次欲求は「自己実現欲求」であり、ERG理論では「成長欲求」である。

　本項で述べた「小さな成功体験」は、マズローでいえば、承認欲求と自己実現欲求、ERG理論ではRとGに含まれるようにも見えるが、「楽しい―嬉しい」はもっと根源的なものではないだろうか。

⑭「なぜこんなつまらない仕事を自分が…」と腐ることはありませんか？

　行政組織では、平均すると2～3年に1回は職場や職責が変わる。ときには自分の希望しない仕事に就くこともある。そのときに「腐る」「手を抜く」だけは決してしてはいけない。例えば「つまらない仕事（と思ってしまうもの）」を命じられたとする。そのときに「なぜ自分が…」と思うことがあるかもしれない。そんなとき「自分の評価はきっと低いに違いない」とか「自分は能力がないと思われている」と考えてしまうこともあるだろう。

　でも、今一度考えてみよう。たとえどんな小さな仕事であったとしても、その仕事や問題解決は、自分が動かなければ前に進まないことを。ひょっとすると、期待されていたものより大きな価値を生み出すことができるかもしれないことを。ここでの経験は、後の別の問題解決に必ず役に立つ。まさに垂直統合の技術力を磨くチャンスでもある。若いころは、自分の技術力の全体像がつかめないために、その経験の重要性がどこにあるのか見えないことも多い。しかし、後になって必ず「あの経験は必要だった」と思えるときがくる。(注1)(注2)

　「花の咲かない冬の日は下へ下へ根を下ろせ。やがて大きな花が咲く」（作者不詳）

（注1）論語「天を怨みず、人を尤めず、下学して上達す。我を知る者は其れ天か」
陽明学「事上磨錬」（まずは自分の与えられている仕事（事上。現実の事）を一生懸命やり、自己を磨きなさい）
（注2）「たったひとつの気づきのためにどうしてもあの経験は必要だった」「あきらめないで」Chie 著。日本実業出版社

第4章　意欲を高める　101

column
やっかい払い

　これは、自分自身の経験だが、旧運輸省入省3年目で、港湾局計画課第二計画係長となった。全国の港湾の長期計画に関する仕事だった。しかし、能力と経験不足、さらに気負いによる荒い言動のためか、ほどなく地方支分部局（第三港湾建設局＝現近畿地方整備局）の設計事務所の「工事専門官」に異動となった。ここでは、海底トンネル工法の素案づくりに携わった。画期的な工法を考案したが、トップの事務所長に「そんな無謀な案は絶対だめだ」と言われて、相手にされなかった。自分としてはいい案だと思っていたので、あからさまに所長に反発した。そして、間もなく、海外勤務を打診された。やっかい払いなのか、外で頭を冷やしてこい、ということだったのだろう。

　詳しく記さないが、この経験は、60歳を超えても仕事で生きている。あの経験がなければ今はないと思えるほどだ。自分の考えをとことん通したことから起きたハレーションだが、それはそれで良かったのではないかと。中途半端に引き下がっていたら、結局は何も得ないままに、「のほほん」と公務員生活を送っていたに違いない。

　今、あのときを振り返ると、実にひどい人格だったと思う。それに耐えてくださった先輩たちがいたから、今の自分がある。大変迷惑を掛けたが、諸先輩にはたいへん感謝している。すべての国や地方の組織が、若い公務員に対して広い心を持っていることが重要だと、改めて思う。これが「組織の幅」であり、大きな仕事ができる礎になっていく。

　ところで、無謀と言われた私の提案は、高度な技術開発を要するハードルが高い工法だったが、第三港湾建設局は、10数年後、さらに高度な技術力を必要とする挑戦的な工法で建設を実現した。この組織と実務家公務員の勇気・努力に敬意を表したい。

⑮やろうとしていることが良いことなのに、途中で諦めていませんか？

　何か良いことをやろうとするときに、変な上司、冷たい周辺の反応はよくあることである。また、「失敗のリスク」ばかり見て「やらないことによるリスク（いわゆる不作為）」を考えない「危ないからやめときなはれ」型の上司がいる。特に、若いころは上司が何人もいるので、その何人かの中に必ずこういうタイプがいる。そこで、「やりたいこと」「やるべきと考えたこと」を止められ、「もうやってられない」となってしまうことも。

　しかし、もし、**自分がやろうとしていることが正しく、やるべきことであると思うなら、腐っていても、上司の悪口を言って溜飲を下げても、何の問題解決にならない**。まずは、社会や組織内でその企画が良いとの評価を高め、周辺から攻める。それが企画の客観的評価につながる。なかなか上司の理解が得られなくても、**実現するまで粘り強く理解者を増やすよう努める。ときには、上司が交替するまで待つ。そのうち、必ず強力な支援者が現れるだろう。**

第4章　意欲を高める　　103

事例

　国際関係の仕事をしていたＡ氏は、海外の優良プロジェクトの発掘を強化するための仕組みづくりを提案した。ほぼ全員が賛同してくれたが、唯一国際業務のトップが反対した。その理由は、あまりに小人的であった。いわく「君は○○グループに属しているので、社会的意義などのきれいごとを言っているが、実は○○グループに利することをし、それで自分の評価を高めたいのだろう」。こんなトップの下で自分は仕事しているのか、やってられないと腐った。日和見の人が出てきて、企画は動かなくなる。そのとき、忠告してくれる人がいた。「これは本当にいい企画だから、もっと賛同者を増やせ。時を待て。そのうち、本気で動いてくれる人が必ず現れる」と。

　実際、間もなく、トップの１つ下の上司が変わる。その人とは初対面だったが、「このプロジェクトは素晴らしい。基金が10億円あればいいんだな。おれが責任を持って予算を取ってくる」と言って、実際に基金の確保の目途を付けた。その上で、会議でトップに対して言い放った。「皆この企画には賛成しています。必要な基金10億円の確保の目途は付けました。何か反対する理由がありますか？」以上で議論は終わり。

参考　徳川家康公の名言

人の一生は重き荷を負うて　遠き道を行くが如し　急ぐべからず　不自由を常と思えば不足なし　心に望みおこらば　困窮したる時を思い出すべし

堪忍は無事長久の基

怒りを敵と思え

勝つことばかり知りて　負くることを知らざれば　害その身に至る

己を責めて　人を責むるな

及ばざるは　過ぎたるに　勝れり

⑯「事務屋だから技術のことはよく分からないが…」
　「技術屋だから法律のことはよく分からないが…」とつい言って
　いませんか？

　行政には説明責任がある。例えばその内容が技術的なものであって
も、事務系の公務員が説明を求められることは多々ある。その際、「私
はこの分野の専門家ではありませんが…」と切り出すのはまだよいとし
ても、内容の理解を事務屋を理由に怠ってはいけない。

　事務系の公務員であれば、「こんな技術的な話については、自分が分
からなければ一般の人（県民・市民）にも分からないだろう」と思えば
よい。だからこそ、内部で技術者や専門家から説明を受ける際に、「私
は普通の人に分かるように説明する必要があるので、私でも分かるよう
に説明してください」として、初歩的なこと（実は最も大事なこと）を
躊躇なく「なぜ？」と聞くことができる。その結果、技術者の誤った思
い込みを指摘できることがある。

　**「事務屋だから、よく分からないが…」で終わるのではなく、内容が
理解できるまで「なぜそうなんですか？」と「なぜ」「なぜ」を連発す
ることが、結果として成果をもたらす。**

　他方、技術系の公務員であれば、疑問点があっても、「技術者なの
に、こんな初歩的なことを聞いては恥ずかしい」と分かったふりをする
ことがある。詰めが甘くなり、他者から「なぜ」と問われたときに答え
られない。これも避けなければならない。

　「自分は技術屋だから法律のことはよく分からないが…」という者も
見受けるが、それは言い訳にすぎず、他の技術者に対して失礼でもあ
る。

　事務系であれ、技術系であれ、自分がその道の専門家と同様の専門的
知識を有していなくても、説明者の力量は評価することはできる。それ
は、相手の本質的な理解度を試すための次のような質問をすることであ
る。「ここでは、何を最終的に知ろうとしているのでしょうか（目的を

第4章　意欲を高める　105

聞く）」「その目的のためになぜその解析法を用いるのですか（目的の実現手段を聞く）」「その解析法はどういう条件のときに用い、逆にどういう条件のときには用いることはできないのでしょうか（解析法の適用条件を聞く）」「そうであれば、この問題については、その解析法がなぜこの現場に適用でき、その解決法がなぜ最も適切な方法と言えるのでしょうか。限界や解析誤差はどの程度でしょうか」など。

　技術系の実務家公務員は、ハンドブックエンジニアや、マニュアルエンジニアになってはいけない。ハンドブックエンジニアは、ハンドブック、技術基準、マニュアルに書いてある解析法が、その現場で本当に適用できるかどうかを考えることなく、その解析法を用いてしまう。しかし、実際には解析法には適用できる条件がある。条件に合わない現場に機械的にその解析法を使ったとしても、よい結果は得られない。

参考　構造設計の際の実現象と解析モデルの仮定

　下の図は、私の恩師、松尾稔先生（当時名古屋大学助教授、後に名古屋大学総長）の著書「最新土質実験—その背景と役割—」（森北出版、1974年）にある「実際現象と設計および力学試験の関係」を示したものである。松尾先生に初めてお会いしたのは、私が大学3年生の時だ。この書を読み、先生の講義を聴いて、目から鱗が落ちた。

　同書では、「設計方法は、実際の地盤や土構造物が示す複雑な力学的挙動を工学的判断によって単純化した力学的挙動で表現したもの。また、その設計に用いる土質諸係数は、土の挙動を土質試験の簡便さのためにさらに単純化した条件のもとで土が示す力学的特性を表現したものに過ぎない」としている。

　図5・8は、田園地帯の軟弱な粘土地盤の上に造られた高速道路を想像してほしい。

　軟弱な地盤の上に重いもの（盛土）を載せると、円弧すべりという、すべり面が円弧の形を描いて下の地盤ごと、盛土が崩れる恐れがある。この安全性を解析するため、しばしば「円弧すべり法」という解析法が用いられる。そこでは、円の中心に対して、「すべろうとする力」と、

それに「抵抗する力」（正確には「モーメント」）を比較して、すべるかすべらないかを判定する。このとき、すべり面は2次元円形で、すべり面上の土の強度はどこでも一様として仮定する。

しかし、実際の現象を思い浮かべてみてほしい。ものが2次元で壊れることはなく、3次元で壊れる。また、すべり面上の例えば（A）と（P）ではすべり面の向き（水平面からの角度）が変わる。粘土はすべり面の向きによって強度が大きく変わる。しかし、この解析法では、すべり面での強度（土質諸係数）は一定として計算する。

このように、一般に設計方法は、計算しやすいように、"複雑な現象を単純化"して考える。よって、設計方法や解析モデルは、実現象と異なる。このことを理解し、実現場に本当にこの解析モデルを用いてよいかどうかを技術者は判断する必要がある。

この斜面の安定計算は初歩的な例だが、どんな複雑な設計方法を用いても、そこには何らかの単純化や仮定が含まれている。常に「この設計法を、この現場で、この条件で適用してよいのだろうか」を考えることが重要である。それを考えることなく、解析してしまうのが、ハンドブックエンジニアである。

以上は、技術的なものであるが、事務系では分からない（私は「事務屋」だから分からない）というような内容ではないと思う。実際「技術屋」と称している人たちの議論においてこの程度のことすら見過ごされている例が少なくない。

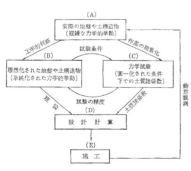

図3・1 実際現象と設計および力学試験との関係

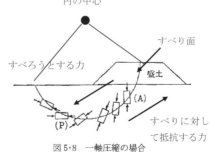

図5・8 一軸圧縮の場合

松尾稔『最新土質実験—その背景と役割—』森北出版、1974年、p36、p62に加筆

第4章 意欲を高める　107

第**5**章

能力を磨く

（1）能力＝（結果を出す力）＝（情報収集力・分析力）＋（先
見力・構想力）＋（論理構成力・問題解決力）＋（判断力・
決断力）＋（伝える力）＋（共創力・協働力・実行力）＋（リ
ーダーシップ）

　実務家公務員は、お題目やうんちくを述べているだけではいけない。
具体的な結果を出すことが仕事である。結果とは、最終的な成果ではな
い。情報収集や分析で結果を出すことも結果であり、また、最終成果が
出るまでに時間がかかるリレーのような取り組みにおいて、中間走者と
してバトンを受け取り、つなぐことも結果である。いずれにしても、結
果を出すためには技術力が必要である。以下に、結果を出すために磨く
べき力を「情報収集力・分析力」などの要素ごとに述べる。これら要素
は、掛け算ではない。全部できる人はいない。自分の得意分野はさらに
磨き、弱いところは強化する努力が重要である。

（2）情報収集力・分析力

⑰自分の所属する社会や組織の文化にとらわれていませんか？市
民目線となっていますか？

　人は、その人の所属している「社会環境（文化）」によって考え方や
感性が大きく影響され、それがものの見方に影響する。社会環境（文
化）は、所属している組織文化（企業文化など）、場所（土地柄・空間
性）、時代によって変わる。"ものの見方・見え方は、組織文化、場

所、時代に影響され、人それぞれである"ことを認識しておかなければならない。例えば、富士山を背景とした煙突群が活力の象徴のように見えた時代もあったが、今は違うだろう。また、ある人には「ひなびた美しい漁村」も、別の人には「さびれたさびしい漁村」と映ることもある。

自分のものの見方・見え方は、多くの中の1つにすぎない。

しかし、**ある環境に長くいると、そこのものの見方が一般的だと思ってしまう。**(注1)**実務家公務員は、行政組織に長くいるため、自分の所属する組織の文化にとらわれて客観的な目や市民目線が持てていない可能性があることを認識すべきだ。**(注2)**「考え方や見方は、人それぞれ。自分のものの見方は、単なる1つの主観にすぎず、ひょっとすると偏っているかもしれない」と自問することが必要である。これを意識していなければ、情報収集やそれに基づく分析に、始めから偏りが生じてしまう恐れがある。**

（注1）ものの見方は人それぞれ…建築系と土木系の視点の違い
　（ある場所の将来像を描くと、非常に高い確率で次のようになる）
　　　　　土木系：平面図、鳥瞰図を描く
　　　　　建築系：人の視点の高さから見える姿（パース）を描く
（注2）組織文化に過剰適合（過学習）すると、どう見ても非常識なことを常識と思ってしまう恐れがある。

column
技術系の実務家公務員の視点

筆者は、科学技術は「… あるべきである」を排除し、「… である」という客観的、普遍性を追求すべきもの、と教えられた。

技術者は、対象物を客観的に（いわゆる「客体」として）科学的な目で捉え、感受性を排除しがちである。環境を単なる「モノ」（客体）として見て、「人との関わり・つながり」という主観を交えて（主客融合で）見る癖がついていない。「心ある温かい目（慈しみの目）」という主

第5章　能力を磨く　　109

観的見方あることについても、認識が薄く、「一般の人も自分と同じように客観的に見ている」とつい思ってしまう。

　行政の役割の1つは、より良い文化（生活様式）をつくることへの貢献である。政策の立案や判断においては、何がより良い文化（暮らし方）なのかを突きつめていく必要がある。ただそこには主観が入る。例えば「こころ豊かな暮らし方」を目指すには、人々が「何をもって、こころ豊かと感じるのか」を市民の目線や感性に立って考えなければならない。

　技術系公務員は、学んできた学問体系と、長く行政組織にいるという両面から考え方に癖が生じがちだ。市民目線や感性に疎くなる可能性があると認識しておくことが重要である。

　以下はその事例である。

事例：松原の松の伐採…松への慈しみの目

　ある市で、有名な松原の中に、主に保育園の園児たちの津波避難用の築山を造ることになった。そのために100本の松を伐採する計画。これに対し、松原を愛する人から待ったの声が掛かった。

　しかし、市の職員は「子どもの命と松のどっちが大切なんですか」と計画を変えようとしない。そこで県の職員A氏が、市の職員に助言した。「技術者も心が重要。山川草木悉有仏性の意識を持つことも大切です」「保育園から築山への誘導路は、時計回りに計画されているが、反時計回りにしたらどうですか。伐採本数が大幅に減ると思います」。

　市職員は、松への思い、伐採本数を1本でも減らそうという思いが足りなかったことに気付き、計画を練り直した。結果として伐採本数は、3本を移植することで、100本を0本にすることができた。

　松原を愛する人の言葉：私たちは、松を1本たりとも切るなと言っているのではない。愛情を持って申し訳ないと思ってくれれば、どうすれば松の切る本数を少なくできるか必死で考えるようになり、計画も変わってくる。やっと理解してくれた。

| 参考 | プロジェクトの費用対効果分析（B/C 分析）の限界 |

　社会資本整備プロジェクト（例えば空港の建設）の適否を B/C 分析ですることが一般的になっている。B/C 信奉者の中には「効果（便益）はすべて計測できる。よってプロジェクトの良否はすべて B/C 分析で判断できる」とする者がいる。この問題点を指摘しておきたい。

　算定する B（便益）は単なる利益ではなく、その利益を人がどう評価するかという価値観に基づく社会的便益である。

　価値付けは、ある特定の場所の今の時代の価値評価（価値観）が基本となる。しかし、社会資本は50〜100年にわたって社会的便益を発生させる。その間に人の価値観が変わる。例えば、景観形成に関わる人の主観は将来変化する可能性が高い。「このプロジェクトがいかに将来にわたって社会の役にたつか」の評価は、現在を基に算定するのではなく、本来は将来社会の価値観の変化を考慮し、便益の評価方法を時間の経過に応じ変更して算定すべきだろう。

　しかし、将来の価値観の変化を見積もるには大きな不確実性が伴う。このため、便宜上、現在の価値観が将来も続くという仮定のもとに算定せざるを得ない。B/C 分析は、プロジェクトの良否を評価をする上での判断材料の1つであるが、すべてではない。限界を理解しないで、ただの信奉者とならないようにしたい。

⑱　社会で起きている問題を直視し、その本質を理解しようとしていますか？

　行政機関では、計画や戦略戦術は、実行可能あるいは実行できる可能性があるものでなければならない。

　理論的、論理的にはこうなるはずと唱えても、その通りに現場が動かないことはしばしばある。なぜなら、現場をしっかり見ていないため、理論、論理の前提条件、仮定・仮説の設定が誤っている、あるいは恣意的なものであるためだからだろう。

　実務家公務員は、理念や理論に終わらず、現場の木、林、森、そして下草、空を見ること、できれば、表層だけでなく土壌も見て、それらの構造を理解した上で、現実に人、社会が動く方法を考えて実行することが必要である。

　ⅰ）まず、表層に見えていることを直視し、そこにある問題を正しく認識する

　問題が起きている現場に行ったり、関係者から直接話を聴いたりすることによって、真の生の情報を客観的に現場感覚を持って冷静に取り入れることがまず大切である。在留の外国人や来訪者など異なる視点にも敏感になって"気付き"につなげたい。

　この際、注意することはたとえ現場で直視したとしても、見えているもの、入ってくる情報にはフィルターやバイアス、盛り（誇張）がある可能性が高いことだ。単に表層や部分しか見えてない場合もある。

　人は、自分が一番まともな認識やものの見方をしていると思いがちである。自分自身の目や耳にもバイアスが掛かっている可能性がある。このことも自覚しなくてはならない。

　表層の一部だけ見る、すなわち木を見て森を見ない、になっていないか、注意が必要である。よくある誤りは、部分的な情報（例えば有力者

が○○と言っている）に基づいて、それを一般化してしまうこと（みんなが○○と言っている）だ。特に KKO 型の人はこれに陥りやすいので注意すべきである。

事例 地方の中小企業はなぜ人材を採用しにくいのか？

表層直視派：良い会社なのに、その存在を知られていないからである。
　　　　　企業の良さを情報提供すればよい。
現実直視・分析派：採用担当者は実際に何に困っているのだろうか。
　　　　　なぜ採用できないか分析しているのだろうか。情報を出しても新卒予定者から接触がないのか、それとも接触があっても途中で去られるのか。その両方であれば、なぜ接触がないのか、なぜ去られるのか……。
　　　　　よく聞いてみると、小規模企業には採用を専任でやる人がいない。だから、そもそも自ら採用活動はできず、求人票を外部に出すだけになっている。そうであるならば……

column
ヒアリング好きの公務員

　役所は、ヒアリング好きである。実務家公務員であれば、ある程度専門的な分野、あるいは業界の話を外に聞きに行くことになるだろう。本や専門誌に情報はあふれているのに、それを勉強することなく、無邪気にお気軽に企業訪問する。企業側は Time is money. なのに、「勉強もしないで、初歩的なことを聞きにくる」と思ったとしても、一応丁寧に対応する。

　結局、初歩の初歩を聞いて終わりか、あるいは相手が何を言っているのか分からないで終わりということになる。相手にとっては忙しいとき

第 5 章　能力を磨く　　113

にこれほど迷惑な話はない。そして、行政不信となる。誠に申し訳ないことである。

　少なくとも１冊、その分野の最近の話題を取り上げた本を読んでから、人の話を聞きに行くべきだ。現場の深いところにある声、本音を聞き出せなくては意味はない。

　また、企業のヒアリングの際、特に中小規模の企業は今、体力を失うと将来がないので、中長期的な対策よりも、現実に直面している課題（今そこにある危機）に対する即効性のある対策を求めがちになる。これを聞いた実務家公務員は、抜本的解決策よりも、結果が出やすい短期的最適策を中心に考えることになる。このため、骨太の取り組みや中長期的対策が先送りされてしまう傾向がある。

---

column
公務員は変化に鈍感？

　企業なら、いつまでも同じ仕事のやり方をしていては生き残れない。しかし、行政組織の場合は、社会に基盤的サービスを（一般には独占的に）提供し、直接競合する組織がない。同じやり方を続け、住民サービス低下や、地域衰退を招いたとしても、行政組織は存続する。

　それが、公務員に対する次のような批判につながっていく。

「変化に対して鈍感である。自ら変化しようとしない」

「検討に時間がかかり、意思決定が遅い」

「何もしないリスクを考えず、何かしたときの失敗を恐れ問題を放置する」

　確かに、公務員は社会や市場の変化に鈍感になりがちである。

「最も強いもの、賢いものが生き残るのではなく、最も変化に適応できるものが生き残る」（出所不詳）はダーウィンの進化論の考え方に示唆を与えたとされる言葉。これは、生物だけではなく、地域についても同様である。

> ⅱ）表層に見える問題を発生させている根源・根底を構造的に分
> 析し、認識する

　世の中や相手の反応として表層に出ているものについて、その根源、根底を考えてみるべきである。人はなぜその反応、行動を取るのか、それによって、どういう問題が発生するのかという分析にもつながる。

　手始めに、自分たちの行政組織の行動を考えてみよう。そこでは、地域社会と協働・共創を進めようとする公務員は多くないのではないか。

　なぜ彼らは「協働、共創」への意識が低いのか。所属する組織を例に根源から考えて想像、推定していきたい。

　その先に、世の中の反応の根源、根底にあるものが見えてくるかもしれない。

事例　内部管理部門の職員の「難しい」問題への対処

タイプ１：初見で灰色（規則上、実施可能か否か分からない）であれば、「難しい」として、それ以上検討しないタイプ

　　　　　例えば、職員が人事上の内規の柔軟な運用を求めても、検討もせず、「難しい」で終わりにする。

　　　　⇒行動の根源：自分を安全の高みにおいて（自分はリスクを取らず）、リスクや不利益を他に押し付けることで、これまで長年過ごしてきて、何ら問題はなかった。組織もそれを許してきた。

　　　　⇒解決策：個人に改善を求めても、根底からの改善は期待できない。組織文化から変えなければならない。

タイプ２：初見で灰色のものを、何とか白にしようと努力するタイプ

　　　　　例えば、タイプ１と同じ事例で、工夫して、内規を柔軟に運用し、外部に説明可能な状態で「白」にする。

　　　　⇒行動の根源：この人は、"内部管理部門の仕事は、実行の現

場が働きやすい環境をつくること、すなわち縁
の下の力持ちである。それが組織の問題解決力
への自分の貢献である"と理解してこれまで行
動してきた。組織全体にそういう意識が浸透し
ている。

column
「わしゃ聞いてねぇ」と行動経済学

　伝統的な経済学では、人は合理的かつ功利的な判断の下に動くとし、
「自己の経済利益を最大化させることを唯一の行動基準とする人間（ホ
モ・エコノミカス）」を前提に精巧な理論モデルを構築してきた。これ
に対し、人は必ずしも合理的には行動しないことに着目し、伝統的な経
済学ではうまく説明できなかった社会現象や経済行動を人間を観察する
ことで実証的に捉えようとする「行動経済学」が生まれた。人が合理的
でない行動を取る場合にも法則があると説く。

　行政実務でも、人は必ずしも合理的には行動しない。「（どんなに良い
ことでも）あいつのやることだけは協力しない」「わしゃ聞いてねぇ
（自分はあらかじめその話は聞いていない。だから協力しない）」などが
典型である。そして、その行動には法則がある。実務家公務員は、「人
の行動にはこういう法則があるので、人は恐らくこのように反応するだ
ろう」とあらかじめ予測する技術力を持つことが重要である。

---

iii）事実を正しく認識し、事実と事実判断を発信していますか？

　実務家公務員は実務のプロであり、専門知を持っている。
　実務家公務員は「プロの矜持と良心」を持って、何が事実で本質か
（例えば、事実や科学的な正しさ）を検討し、政治家や県民、市民、利

害関係者に、分かりやすく丁寧に伝えることが、その重要な役割である。

　誰から言われても、事実を曲げてはいけない。また、本質についての考え方はぶれてはいけない。どうしても「譲ってはいけない一線」を守っていくことが重要である。

　ただし、最終的な意思決定として価値判断 (注) するのは首長などトップである。**実務家公務員は、まず事実や本質を正しく認識し、何が事実であるかを判断し、発信しなければならない。もちろん、価値判断も行わなければならないが、価値判断が先行し、事実や科学的正しさを歪めてことがあってははいけない。**

(注) 事実判断と価値判断は㉛参照

事例　津波に対する経済的被害対策と人的被害対策

　ある漁港において、新防災システムの導入が検討されている。このシステムにすると、巨大地震・津波発生時に、水産施設などの経済的被害の抑制効果も大きい。ただ、1％作動しない可能性（リスク）がある。いったん新防災システムができると、人はそれが確実に作動すると想定して避難行動を取りやすいため、避難が遅れる恐れが高まる。このため、100に1つ、新システムが作動しなかった場合の避難遅れによる人的被害は、現状（新システムがなかったとき）と比べ、より大きくなってしまうかもしれない。つまり、新システムが場合によっては人的被害を拡大する可能性がある。(注)

（市長）：この町にとって、水産業は生命線である。経済的被害を低減できる新防災システムを採用したい。

×（アマの実務家）：新防災システムはいまだ他に建設実績（前例）がないので、この方式を採用するのは難しい。

（市長）：前例がないのが理由なら、ここでその前例をつくればいいではないか。

×（アマの実務家）：それは「難しい」です。検討します。…「やはり

第5章　能力を磨く　　117

難しい」です。

○（プロの実務家）：新防災システムは、設置可能ですが、作動の確実性の点で技術的不確実性が残ります。

万一作動しなかった場合は、多くの人命を失う恐れがあります。従って、早く設置が完了し、確度が高く減災効果を発揮できる防潮堤によって津波のエネルギーを弱めて、浸水域を減らすとともに、津波の進む速度を遅くして避難の時間を稼ぎ、人命を守ることを優先すべきです。防潮堤を建設せず、人命をこの新防災システムだけに頼ることは適切ではありません。一方、市長のおっしゃる経済的被害対策の重要性については、よく分かります。そこで、まずは早期に整備が可能な防潮堤による人命対策を適切に行った上で、経済的被害対策を進めるために……

（注）システムの持つ不確実性について、当初、関係者は十分理解している。やがて、関係者はそのことを忘れ、システムは確実に機能するとして行動をするようになる。それが大きなリスクを生み出す。リスク管理においては、人や組織の行動を静的に考えるのではなく、時間とともに意識が変化し行動が変わってしまう可能性があることを考慮しなければならない。

column
劇場型政治と実務家公務員

劇場型政治の場面においては、「科学的な正しさ」の議論は軽視され、響きの良い意見が世間にもメディアにも受け入れられやすい（例えば絶対的な安全性・ゼロリスクはないのに、ゼロリスクを求める意見が世間の支持を受けやすい）。本来は、「科学的に正しいことは何か」を追求した上で、「それを社会としてどう評価するか」という手順が望ましい。

しかし、しばしば、劇場：都道府県政、市政。主演兼演出兼作者：首長又は政治家。　助演：利害関係者、実務家公務員。観客：市民・有権

者、メディアという構図になる。主演と助演の敵・味方関係が入り乱れ、対立が大きくなればなるほど、観客の関心は高まる。

　助演の実務家公務員は、専門知はあるが、演技力（相手の理解が得られるように説明する力など）を欠くため、損な役回りとなることが多い。

　これらは構造的な問題であり、実務家公務員がそれを変えられるものではないが、少なくとも実務家公務員も渋い演技力だけは磨いておく必要がある。

---

column
国士かテクノクラートか、忖度か

　かつて、国の官僚には2つのタイプがあるといわれていた。
国士タイプ：「自分たちが国を動かしている」という使命感を持ち、自
　　　　　　ら政策をリードしていく
テクノクラートタイプ：トップ（大臣等）から与えられた「政策課題」
　　　　　　を効率的に処理する

　本書で述べている実務家公務員はテクノクラートタイプである。国のため、国民のためという使命感は重要であるが、選挙によって選ばれていない官僚が、（本当は）自分たちが国を動かしている、と思って行動してはいけないと私は考える。

　ただし、テクノクラートに対して「トップから与えられた政策課題」が④の仕事の構造、階層で述べたどの階層に当たるかは重要である。戦略、計画の段階の「政策課題」については、トップから与えられるのではなく、常日頃から実務家公務員が「何が現実の社会問題（政策課題）か」を自ら発見しなければならない。単なる吏員（命じられたことだけを淡々と行う）であってはいけない。

　このところ「忖度」が話題となっている。「他人の心をおしはかること」と「おしはかって配慮すること」の意味がある。前者は重要で、これができなければ公務員は務まらない。が、後者の意のように相手に配

第5章　能力を磨く　　119

慮して（しすぎて）「事実」や「科学的正しさ」を曲げてはならない。

　加藤創太国際大学教授は、2018年4月19日付日経新聞経済教室において、概ね以下のように述べている。40年代にカール・フリードリッヒ米ハーバード大教授とハーマン・ファイナー米シカゴ大教授の間で論じられた、官僚の「政治への応答性」と「プロフェッショナル（専門家）としての自立性」のトレードオフ（相反）が現代的に問われている。日本の官僚は前者に傾きすぎて、プロフェッショナルとしての規律を忘れ、政治中枢への過度の忖度に走っているのだろうか、と。実務家公務員も応答性と自立性のバランスは意識しておく必要があるように思う。

> ⑲オープンイノベーションを意識していますか？

　現在は、オープンイノベーション (注1) **が重要であるといわれる。社会が複雑化し、価値観が多様化し、社会のニーズの変化が早く、また科学技術が高度に発展した時代・社会においては、自前主義や近くにある知の組み合わせだけでは対応力に限りがある。広くから多様な知を集め、それを結合させることが重要である。** (注2)

　現代の行政組織では、社会の複雑な問題を解決することが必要であり、そのためには多様な知が求められる。シュンペーターはイノベーションこそが経済発展の最も主導的な要因としたが (注3)、イノベーションには「知の探索」と「知の深化」(注4) という「自分たちの業界や領域から離れた、遠くの知（シーズ、ニーズ、アイデア）を幅広く探し、それを今、自分（自分たち）が持っている知と新しく組み合わせる」ことが大切であり、そのためにはオープンイノベーションと人材の多様化が欠かせない。

　行政機関では、「自分は知識が豊富で、優秀」「自分の考え方がいつも正しい」と思っている人が少なからずいる。しかし、実務家公務員の扱う分野は広く、個人レベルでは、ある分野の知識は豊富だったとしても所詮限りがある。**行政機関には、似たような知識、同質の人が多く、そ**

120

の中で知識を集めても、結局、目の前の狭い範囲の既存知を組み合わせているに過ぎない。

　行政機関でしばしば見られるのは、委員会などと称して外部の知を集め、自分たちの考え方の追認を求めたり、その逆に自分たちに知の構成力や結合力がないために、せっかくの知の探索を生かせなかったりすることだ。

　離れた外部の知を集め、それを結合することは、これからの実務家公務員に求められる高い技術力である。「水平方向の知」ではなく、知を探索し、それを自分なりに再構成し、総合化する「水平総合の知」が必要である。

（注1）オープンイノベーション：新技術・新製品の開発に際して、組織の枠組みを超え、広く知識・技術の結集を図ること。
（注2）オープンイノベーションは、単なる「情報収集力・分析力」の問題ではなく、「問題解決力」として重要である。それを理解した上で、重要な項目であるので、この「情報収集力・分析力」の部分において早めに示すこととした。
（注3）イノベーションは、1911年に、シュンペーターによって定義された。シュンペーターは、経済活動の中で生産手段や資源、労働力などをそれまでとは異なる仕方で「新結合」することとし、①プロダクト・イノベーション（新しい財貨の生産等）②プロセス・イノベーション（新しい生産方法）③新市場の開拓④新しい原材料⑤新しいビジネスモデルの創出の5つの型を示している。
（注4）「知の探索（exploration）」の重要性は、米国スタンフォード大学のジェームズ・マーチが1991年に「オーガニゼーション・サイエンス」に発表した論文で提示した。

事例　医療費抑制とオープンイノベーション

　医療費抑制は中央政府にとっても地方政府にとっても、最重要課題の1つである。財政政策上のみならず、国民・市民の幸福のために不可欠である。直接効果があるのは医療システムの改革であろう。しかし、もしも病気になる人が少なければ、とりわけ高額医療費や長期医療が必要な人が少なくなっていけば、医療費を抑制し幸福感を高めていく効果は極めて大きい。そのためには「予防介入」と言われる、病気の発症リスクの高い人に対して、発症する前に予防的な対策を行うことが有効だ。近年の科学技術の進歩によって、健康診断結果や診療報酬明細書（レセ

プト）を分析すると、その人の重篤な病気の発症リスクが高い精度で推定できるようになってきている。

ここまでは「知」である。

ただ、実際に「多数の個人の健康診断結果やレセプトの提出を求め、それらのビッグデータを分析し、発症リスクの推定精度を高めるとともに、発症リスクが高い人に対し、予防介入を行うという社会システムをつくる」となると、容易ではない。社会システムづくりには「構想力」と社会の協力を得る力「協働力」という実務家公務員の高い技術力が求められる。それは、垂直統合の技術力でもある。

参考 プロセス・イノベーションとプロダクト・イノベーション

「イノベーションのジレンマ」は、巨大企業が新興企業の前に力を失う理由を説明した企業経営の理論である。ハーバード・ビジネス・スクールのクレイトン・クリステンセンが1997年に初めて提唱した。大企業は、既存の商品が優れた特色を持つがゆえに、あるいは現在の市場のニーズに応えようと努力するがゆえに、既存の商品を改良することのみに目を奪われ、顧客の別の需要や新しい市場に目が届かない。そのため、新興市場への参入が遅れる傾向にあり、結果的に、新興企業に大きく遅れを取ってしまいやすい傾向になる。

しばしば指摘されるが、日本企業はプロセス・イノベーション、すなわち既存の製品の生産工程や生産技術を改良したり、新工程を創出したりすることによって、製品コストの削減、品質・性能の改善を実現する形の技術革新が得意。一方で、膨大な利益をもたらすプロダクト・イノベーション、すなわち、従来存在しなかった画期的な新製品を開発する技術革新については、日本企業は不得意とされている。これには、⑥で述べた帰納法的発想を好む日本の企業文化が影響していると考えられる。

公務員の仕事を、「定型／日常型業務」「社会問題の解決」「新たな価値の創造」の３つに分けたが、いずれについても、プロセス・イノベー

ションは有効である。そして、「新たな価値の創造」については、プロダクト・イノベーションが求められる。

　行政組織、とりわけ地方自治体は、日本の大企業と同様に、帰納法的発想やプロセス・イノベーションを好むため、新たな価値の創造が進みにくい傾向にある。意識改革が必要だろう。

> ⑳ホウレンソウで知を集めていますか？

　報連相（ホウレンソウ）は、義務ではなく、「問題解決の知」「相乗効果」「危機管理」の有力な手段である。

　組織で仕事をする上では、上司への「報告」「連絡」「相談」、いわゆるホウレンソウの重要性は必ず指摘される。しかし、これを義務と思っている人が意外に多い。

　部下にとってのホウレンソウの重要性は次の3面がある。

　1つ目は、より上位の人の「知」や「ネットワーク」を活用して「問題解決の知」を得るためである。上位の人は、思わぬ（自分では十分と思っていたがそれ以上のよい）「知」を持っている、あるいは「よく知っている人、分かっている人」を知っている可能性がある。

　2つ目は、組織で仕事をすることにより、個々人の仕事の足し算以上の相乗効果を高めるためである。地方行政機関の最大の強みは、総合行政機関であることだ。1つの機関の中で水平、垂直の知を集め、現場適用できる。これを活かすためには、個々人の努力を奨励しつつ、より上位の者が取り組みを総合化し、相乗効果を上げること、あるいはそうなるよう助言を行うことが極めて重要である。[注]

　3つ目は、危機管理のためである。より上位の人は、広い情報源と経験知により、全体最適化能力や様々な知の総合能力とともに、「危険への臭覚が高い」（ことが多い）。

　どうせ上司に報告しても、「まあ、うまくやってくれ」か「勝手なこ

第5章　能力を磨く　　123

とをするな」と言われるだけと思っても、「報告」「連絡」はすべきである。意外な知が得られたり、思わぬ危険（例えば、この件に影響力を持つＡさんは、この件については懐疑的だから注意しておいたほうがよい）を教えてくれる可能性がある。

　一方で、上司にホウレンソウをしても、「報告を話半分で中断され、KKOの考えを押し付けられた。報告書の体裁を指摘され、報告し直しを命じられた。直して報告すると、前回と違う指摘や重箱の隅をつつくような指摘をまたされた」というようなことがよく起きる。これでは部下はホウレンソウをしたくなくなり、上司はホウレンソウがないと怒るだけだ。

　上司は、部下がホウレンソウをしてよかったと思えるような行動をしなければならない。

　（注）この１つ目と２つ目は、⑲で述べた「知の探索」と「知の深化」につながる。

事例　相乗効果

危機管理部局：防災上、無人航空機の活用を検討している。

道路管理部局：道路の維持管理上、道路やその周辺状況を３次元の位置情報データで管理したいと検討している。

景観形成部局：道路周辺の野立て看板を撤去するために、看板を発見・特定する効率的な方法を検討している。

経済産業部局：産業振興として新型の無人航空機の開発を支援している。

外部企業：新型の無人航空機の活用のための社会ニーズと試験地を探している。

　これらを、それぞれの部局が自発的に情報交換することは大事であるが、検討・取り組みを総合化した取り組みを立案するには至らない可能

性が高い。上記4部門の全体総括者に、それぞれの部局の情報を少しでも報告しておけば、総括者はこれらの取り組みを総合した「新たな価値の創造」を提案することができる。それは、各部局の「問題解決」にもつながる。

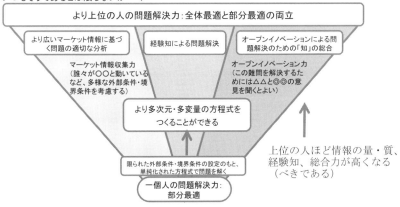

㉑データを使って分析していますか？

　利用できるデータ量が飛躍的に増え、それを AI（人工知能）で瞬時に分析できるようになるという時代の大変化（知能革命）を認識しつつ、まずは「身近にあるデータを活用し分析する習慣付け」が必要である。(注1)(注2)

　KKO 型の人は、データを使って分析しない人が多い。

　これからはビックデータの時代、バラバラ、マチマチに存在していたデータがビックデータとして利活用できるようになっていく。

　例えば、官民データ活用推進基本法に基づき、都道府県は、都道府県官民データ活用推進計画を策定することが義務付けられた。2017年には農業データ連携基盤（地図、気象等の公的情報、農家の営農情報などを統合し、ビックデータとして利活用可能化）の構築が開始された。健康・医療・介護の分野でも、現在バラバラになっているデータを個人個人が生涯にわたって一元的に把握できる仕組みの準備が進む。

　利用できるデータ量が飛躍的に増えることが確実な中、それをいかに活用するかがポイントである。

　ヘルスケアの分野では「データヘルス」と言われるように、ヘルス関連データの大きな活用システム（健康診断、病気の発症リスクの見える化、健康状態の日常計測、予防介入、改善結果の計測の全体管理システム）の構築が重要である。これは社会システムづくりであり、地方行政機関の積極的な取り組みが不可欠である。

　（注1）知能革命については、③を参照。
　（注2）データ解析については、⑥の column を参照。

| 事例 | 生活保護世帯への学費支援 |

　生活保護世帯では大学進学率が低い（全体進学率52.1％、生活保護世帯の進学率19.0％。2017年3月内閣府資料より）。A県は、大学進学を支援するための学費支援施策を検討している。支援は大きく分けて2つ。予算の限界上、どちらかを選択せざるを得ない。

ⓐ小中学生時代の教育費の支援

ⓑ大学進学時の入学金・授業料支援

　ⓐについては、学費の免除等の直接支援と追加学習機会の無償提供がある。検討に際して、よくあるのは「アンケートをしてどちらがよいか聞いてみましょう」、あるいは「大学の入学金・授業料が払えないから進学できないのだから、その直接支援がよいに決まっている」というような感覚的な議論である。しかし、すでに様々な研究によって、支援の結果の効果についてデータをもって分析されている。行政機関はその分析結果をまず解釈し、どの施策がより望ましいかを検討すべきである。その上で、「県としてはデータに基づき分析した結果、この施策がより効果的と判断したが、意見を伺いたい」として、アンケートやパブリックコメントを実施すべきであろう。

column

EBPM（エビデンス・ベースト・ポリシー・メイキング）

　近年、中央省庁では、EBPM（証拠・根拠に基づく政策立案）の重要性が指摘されている。「経済財政運営と改革の基本方針2017」では、EBPM推進体制の構築やEBPMに基づく議論と検討を予算編成に反映させる方針が示された。

　単なる時間的順序を因果関係に置き換えたこんな誤謬の例がある。「毎年、春、ある魔法使いは必ず緑のマントを着る。すると、その後、森が一斉に緑に変わる。よってこの魔法使いの魔法によって森は緑とな

第5章　能力を磨く　　127

る」。

　さすがにこれほどひどい誤謬はないものの、しばしばこれに近い政策評価が行われる。他の関係条件の変化の影響が大きいにもかかわらず、それを無視して「△△政策によって○○という結果となった」としてしまう。

　政策立案においても、例えば、本質は、国際経済における地勢の変化の影響であるにもかかわらず、それを無視して「××となったのは国際水準の▲▲がないからである。よって▲▲をつくれば××が○○という望ましい姿になる」という因果関係の誤った決めつけと対策が語られることがある。

　EBPM は地方政府にとっても重要である。内閣府／経済産業省が提供している RESAS（リーサス：地域経済分析システム）の活用が有効で、各地の資金循環の動向把握などは政策立案に欠かせない。

　ただし、EBPM のためには、そのエビデンス（証拠）とするためのデータの分析能力を高めなければいけない。アンケート結果を検証することなくデータとして利用するのは論外として、with・without 分析（何かしたときと、何もしないときにどういう差が現われるのかの分析）などにおいて、そもそも科学的・論理的に比較可能なデータなのか、まず検証しなくてはならない。データに基づく分析はその次である。過去や現状においては、「何のときは、何がどうなる」という分析だが、将来については「何（どういう政策）をすれば、何がどう変化する」という分析である。現状の「何のときは」と将来の「何をすれば」では状態・条件が変わるので、それによって予想外の変化が生じてしまい、比較・分析が単純にいかない場合がある。その点は注意を要する。

事例　データや分析に基づく政策立案

(例)
静岡県の人口減少の実態とその原因は何か。それへの政策・施策は？
大学の定員収容率（注）：47.1%（全国42位）⇒18〜23歳　大幅転出
　　　　　　　　　　　　　　　　　　　　　24〜29歳の転入不足
　⇒緩和策：大学・大学院の定員増　…努力するも大幅増はできない
　　適応策：進学で県外へ転出した人の戻りを増やす

政策例：「30歳になったら静岡県」をテーマにUIJターンのためのあらゆる
　　　　施策を展開する

(注)大学定員収容率：
　　各県の大学入学定員／各県に所在する高校の卒業者のうち大学進学者の数

（参考）静岡県の2015年の年齢別人口の5年前比較

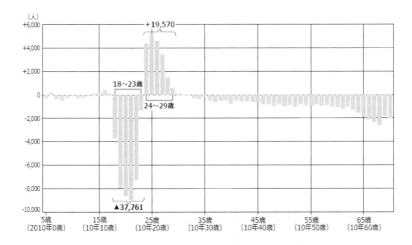

資料：総務省統計局「平成22年・27年国勢調査結果」をもとに静岡経済研究所にて作成

(注)　5年前（2010年）に、13〜18歳だった年齢層の人口が、5年後（2015年）の18〜23歳では人口がどう変化したかを比較したもの。

第5章　能力を磨く　　129

㉒「このやり方のままでいいのだろうか」と疑問を持つ習慣があ
りますか？

　若いときから、いきなり、「社会のためにどんな新しい価値を創造で
きるか」を考える人はどれほどいるだろうか。世間は若くして起業家に
なるような人ばかりではない。まして、公務員になる人はごく普通の発
想の人がほとんどといってよい。

　「ひとり一改革」という運動がある。一人ひとりが、職場にある問題
を発見し、改革を試みようというものだ。大事なことは、もちろん結果
を出すことだが、さらに大事なことがある。「課題の発見とその解決に
よる成功体験」と、それによって「課題解決が楽しくなる」ことである。

　公務員の中には、日々の仕事のやり方に何の疑問も持たず、昨日と同
じやり方をする者や、「あれ、何かおかしいな？」と思っても「まあい
いか」でそれ以上追及しない者がいる。それが公務員に対する「思いが
ない」「熱意がない」「くさいものにはふたをする」「何も分かっていな
い、分かってくれない」といった評価につながっている。

　この状態で仕事を続けている人には、大きな社会の問題は見えない。
まずは、身近なところで、「なぜこのやり方をしているのだろうか」「こ
のやり方のままでいいのだろうか」と疑問を持つ習慣を身に付けること
である。そして、少しでもやり方を変えて、それなりの結果を出して小
さな成功体験をし、喜びや楽しさを感じることである。

　そうすると、だんだんと、もっと大きな社会の問題や政策・施策の不
十分な点も見えてくる。上から与えられた仕事をするだけではなく、自
ら社会の問題、政策・施策の問題を発見し、それを解決していくように
なる。

　かのアインシュタインは次のように言っている。「過去から学び、今
日のために生き、未来に対して希望を持つ。大切なことは何も疑問を持
たない状態に陥らないこと」。実に小さなことだが、「この（やり方の）
ままでよいのだろうか」と考える習慣付けをしたい。

| 事例 | 例年通り会議を開催する必要性は？ |

A県では、公共建築物・公共事業に県産の木材の使用を推進している。県庁内の全部門の協力を得るため、全部長をメンバーとする部長会議を、ここ10年、毎年5月に開催し、その年の計画の承認を得ている。

上司：例年通り、部長会議を今年も開催するように準備を進めてくれ。

部下：ここ数年の実績をみれば、県関係の公共建築物等では県産材利用が定着してきており、課題は市町村の取り組みです。

県庁内に取り組みが進んでいるのにわざわざ全部長が出席する会議を開催する必要性はありません。むしろ、市町村の取り組みを促進する仕組を考えるべきです。

上司：この会議は10年前から毎年この時期に開催している。継続は力だ。今年も例年通り開催すべきだ。

部下：それでは、会議を開催することが目的になってしまいます。市町村の取り組みを支援するための新しい仕組を考えてみました……

> ㉓「なぜ誤ったか」を分析する習慣がありますか？

人は必ず失敗する。まして社会の問題解決や新たな価値の創造には失敗は付きものだろう。失敗を組織として許容しなければ、人は挑戦しなくなる。

問題は失敗した後である。「謝る」で終わらせず、なぜ「誤ったか」の本質を考えなくはならない。特に、組織においては、「組織の学習能力」が、環境変化に適応し戦略や戦術を進化させるためには不可欠である。

戦略や計画の失敗原因をしっかり検証しないで、新たな戦略に飛びついても、勝率は上がらない。

第5章 能力を磨く 131

戸部良一氏らは、第2次世界大戦における日本軍の失敗要因を分析し、組織的な問題を指摘している。この「日本軍の組織面での失敗要因」こそ、現在も、日本の行政組織の問題の本質といえる。この書は必読である。

参考　失敗の本質－日本軍の組織論的研究（戸部良一氏ら著．ダイヤモンド社）

・戦略面での日本軍の失敗要因
　「戦略目標のあいまいさ」
　「戦略のグランドデザインの欠如」
　「システム志向や戦闘技術体系のバランスの欠如」

・組織面での日本軍の失敗要因
　「組織内の人間関係を重視する情緒的な集団システム」
　「複数の軍事組織を統合するシステムの欠如」
　「学習の軽視」
　「個人責任の追及の甘さ」

事例　サッカーの試合で1対2で負けたときの監督と選手の会話

（監督）負けたな。
（選手）すみません。
（監督）なぜ負けたか考えよ。
（選手）答1：あと1点入れられなかったからです。すみません。（「謝る」で終わる）
　　　　答2：あの場面で○○という判断をし、○○というプレイをしたことが、……につながり、結果として、……。
　　　　（なぜ誤ったのかの本質を考える）

(3) 先見力・構想力

> ㉔社会システムやプラットフォームづくりを意識していますか？

　目の前の問題解決（部分的、短期的最適）は重要であるが、対症療法では持続的ではないことが多い。根治治療として将来にわたって継続的に機能するものとするには、社会が継続してうまく回る仕組み（社会システム）や、プラットフォーム（多様な人々・主体が活動しやすい土台・土俵・ステージ）をつくらなければならない。(注1)

　社会システムとプラットフォームは、図に示すような関係と考える。

　その地域の文化や場の力を考慮し、どういうプラットフォームをつくれば、それを利活用して、人、モノ、情報、金が動き、社会システム（社会がうまく回る仕組み）ができ、地域固有の文化（生活様式）に根付いていくのか。ポイントは次の2つになろう。

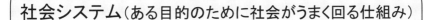

第5章　能力を磨く

ⅰ）多様で多くの人が意欲を持って進んで自然と参加したくなるプラットフォームとする。

　ビジネスの世界だが、AKB48のシステムはプラットフォームの典型である。AKBのプラットフォームを利用して、多くの人が自己実現を目指し、努力している。(注2)

ⅱ）プラットフォームを利用して活動する人々の「心の絆の強さ」を考慮する。

　地域には、思いを持った「集まり」がある。それには「強い絆で結ばれた、少人数の同質な人々によって成り立つ閉鎖的な集まり」と「弱い絆で結ばれた多様な人々によって成り立つ開放的な集まり」がある。

　前者の「強い絆の閉鎖的集まり」は"強い心の絆"自体がある種のプラットフォームである。参加者はそれ以上のプラットフォームはいらないと感じているだろう。

　後者の「弱い絆の開放的集まり」は、何らかの目的を共有しているが、プラットフォームは形成されていないか、弱い。

　前者の集まりに、強い絆の別の形のプラットフォームへの参加を求めると、断られやすい。後者については、これをより機能させるためには、形あるプラットフォームが必要となることが多い。

　このため、これらの多様な主体、集まりの行動を結集するプラットフォームの設計に当たっては、「多様な主体が目標を共有し、相互信頼とそれぞれの活動の尊重の下、緩やかなつながりの上で、役割分担・協力しつつ、各主体が水平的協働をしている」という形にすることが重要である。(注3)

　(注1)「プラットフォーム」として最初に思い浮かぶのは駅のプラットフォームだろうか。最近はビジネスの世界でプラットフォームという言葉がよく使われる。その用例としては、ⓐ共通基盤としてのプラットフォーム（例：業界の何かの共通化を図る際のプラットフォーム。半導体プラットフォームなど）、ⓑソフトウェアプラットフォーム（例：アプリケーションOSや言語などのソフトウェアの開発環境）、ⓒ車体としてのプラットフォーム（例：車の車台）、ⓓビジネスモデルとしてのプラットフォームあるいは市場としてのプラットフォーム（市場の売り手、買い手及び補完的な関与者を結び付け、相互作用のある市場取引を行うための経済合理的な共通機能。

例：アマゾン）（「高収益な市場プラットフォーム未来をどう創出するか？－事業創出手法－」㈱JMR総合研究所 2018年5月より）

　本項でいうプラットフォームは、ビジネスの世界に限らず、社会のプラットフォーム（地域の多様な人々・主体が活動しやすい土台：土俵・ステージ）である。

（注2）IT市場のプラットフォームを支配する5強、アップル、アルファベット（グーグルの持ち株会社）、マイクロソフト、アマゾン、フェイスブックがあまりに有名。ネットワーク効果により、規模が大きいほど効果（プラットフォーム提供者の利益と利用者の便益）が高まる。このような世界規模のプラットフォームだけではなく、特定のエリアにおいて、個人に対して、きめ細かいサービスを提供できる地域プラットフォームも重要である。例えば、"健康状態、食事、運動などについてIoTで計測し、地域特性を考慮したデータ解析により、個別に健康設計手順書を提供し、かつ日々の生活を見守るようなことをするためのプラットフォーム"の価値は高い。また、日本が得意な分野といえる。

（注3）水平的協働：地域づくりの協働には、「水平的協働」と「垂直的協働」がある。水平的協働は、地域住民・団体、行政、専門家等が対等な立場で協働するもの。垂直的協働は、行政機関の立てた計画の実行を、地域住民・団体などが委託を受けるような形のもの。筆者らは、2000年頃「里浜づくり」を提唱した（㊆の参考を参照）。そこでは、海岸管理において清掃などへの地域の団体の参加ではなく、「里浜づくり」そのものへの（行政機関と同じ立場での）住民参加による水平的協働が重要であるとした。

地域づくりのプラットフォームの設計の考え方の一例

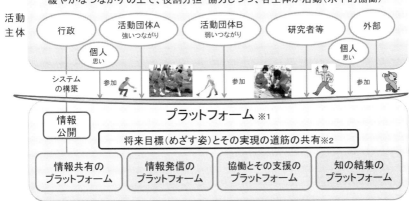

※1　多様な人々・主体が活動しやすい・活動したくなる土台・土俵・ステージ。プラットフォームを設計する段階から、多様な主体の参加が望ましい。
※2　多様な主体の緩やかなつながりのためには、「将来目標（めざす姿）とその実現の道筋の共有」が必要。

第5章　能力を磨く　　135

column
戦略がすべて

　瀧本哲史著「戦略がすべて」（新潮新書）では、「プラットフォームビジネスとは、他の事業者にビジネスを行うシステム（プラットフォーム）を提供し、その場における取引量が増えると、その場を提供する事業者に利益が落ちるように設計されているビジネス」とし、分かりやすい例としAKB48のビジネスプラットフォームを紹介している。

　行政でいえば、社会総がかり、地域ぐるみとなるシステム・プラットフォームをつくれば、参加者が増え、結果としてその場を提供した地方自治体、およびその住民・事業者に利益がもたらされ、また自分が参加して社会がよくなったとの意識で参加者の満足度も高くなる。

column
良好な景観形成における日本人の弱点

　「景観形成計画」で目指す姿を描いても、社会の協力が得られなければ、景観づくりは進まない。日本人は景観づくりに関し、次のような弱点がある。

・自ら働き掛けて社会システムを変革していこうという感覚が乏しい
・長期的・恒久的な視点や施策が得意でない
　（例）頻発する災害に対し緊急的かつ柔軟に対処する能力が高い一方で、長い時間をかけて、風景や住みやすい町を意識してつくっていく（国や地域への継続的働き掛け）という歴史が乏しい
・風景や環境という公共の価値の優先のために暮らしや私権（土地の使用、建物の景観など）に強い規制をかけることに対する優先度が低い。このため、個人的不都合を受忍して、多数の協力のもと美しい風景や住みやすい町、社会をつくるという意識が一般に希薄
・大きな社会システムをつくり、動かして問題を解決するのが不得意
これに対し、日本の農山村景観は美しいではないかとの反論があると

思う。しかし、その美しい農山村景観は、意識して（設計して）つくられたものではなく、自然と調和した暮らし方という文化のもとに"無意識に"つくられたものが多い（無意識の美の文明）と言っていいと思う。

現代社会においては、自然に対する人為的改変、とりわけ元は自然界になかった素材を用いた改変が進んでいる。そこでは、意識して（設計して）美しい景観をつくっていく必要があり、その際には日本人の弱点を克服できる社会システムが必要となる。この社会システムには、都市計画法や景観法、県市町の条例などによる「計画」や「規則」という外的改革のシステムとともに、人々の意識改革という内的改革のシステムが求められる。

事例 伊豆半島の良好な景観形成のための社会システムづくり

静岡県は、富士山をはじめ世界に誇る美しい景観に恵まれており、この美しい県土を、見て、体験し、楽しみながら巡ることのできる「ふじのくに回遊式庭園」を目指す姿に掲げ、景観形成を推進している。美しい景観づくりにより、観光地としての魅力を高め、多くの来訪者でにぎわうことも期待できる。

とりわけ、東京2020オリンピック・パラリンピックの開催が迫る伊豆半島では、関係市町等と協力して、国内外からの来訪者に誇れる美しい景観づくりを積極的に進めている。実効あるものとするためには、column に示した「良好な景観形成における日本人の弱点」を克服できる社会システム、仕組みが必要であるとの認識の下、以下のように取り組んでいる。

【取り組み内容】

多くの来訪者でにぎわい魅力ある地域づくりのためには、美しい景観づくりが必要であることを、広告主を含めた伊豆半島全体の共通認識とする必要があった。

そこで、様々な関係者（県、市町、観光関係者）をメンバーとする

第5章　能力を磨く　137

「伊豆半島景観協議会」を組織し、議論を重ねた。議論を踏まえて、来訪者が多い幹線道路沿いの規制を強化することとした。2017年11月静岡県屋外広告物条例を改正し、伊豆半島地域の幹線道路沿いを、原則として屋外広告物を設置できない地域に指定した。具体的には、違反「野立て看板」

街頭での啓発活動

約2,200件について、東京五輪の開催までに是正を完了するスケジュールを策定し、協議会で進捗管理を行いながら、徹底した是正指導に取り組んでいる。

こうした取り組みの趣旨を地域に浸透させるため、優れた広告物の表彰やまち歩きイベント等の住民参加型のキャンペーンを実施し、目指すべき姿の共有とその実現への参加意識の醸成に努めている。

【これまでの成果と今後の取り組み】

・違反野立て看板約2,200件のうち、是正指導開始から約6ヵ月で、414件の是正が完了した。2019年度末ですべての違反広告物を是正する予定。

・併せて、美しい伊豆半島の景観形成を進めるため、景観に配慮した防護柵等の設置、修景のための樹木の剪定など、総合的な景観の改善を進めていく。

| 事例 | 公共投資が「ものづくり」で終わるか、「社会システムづくり」につなげられるか |

　社会の問題解決のためには、単なる公共投資による「ものづくり」「ハードの改善」で終わるのではなく、その公共投資の機会を活かして、社会システムづくりにつなげていければ、投資効果が格段に大きく拡がる。

（例1）栄養分過多の閉鎖性海域の環境再生

（ものづくり）

　公共投資による干潟の造成などにより環境を直接改善する。

（社会システムづくり）

・栄養塩の循環システムを回す社会シムテムをつくる。

・海の恵みへの感謝や楽しみを通じて、人々の地元の「里海」「里浜」への関心を高め、里海・里浜を自らの手で大事にする社会運動を促進する。これによって、人々が生活排水など海へ環境負荷を与えるものに気を使うようになる。

・公共投資で砂浜、干潟をつくる。これによって、栄養塩を生物が分解・吸収しやすくする。

・人々は育った魚・貝を採取して、栄養分を海から吸い上げる。これらによって、栄養塩の循環システムを強化する。

（例2）防潮堤の整備とまちづくり

（ものづくり）

　防潮堤の整備により津波の浸水深を下げる。（防災減災対策。行政の取り組み）

（社会システムづくり）

　防潮堤の高さはレベル1津波に対応した2m程度。レベル2津波については避難意識と避難システムをつくる。防潮堤の整備などの公共投資の機会を活かし、民間事業者等の投資を促進しつつ「新たな景観や視点場（ビューポイント）、美しい海辺の散策路をつくる」ことによって、安全安心で美しい景観の魅力的な地域をつくる。（防災減災対策＋まちづくり。地域ぐるみの取り組み）

第5章　能力を磨く　　139

㉕マーケットインを意識していますか？

プロダクトアウトの一般的な定義は、会社が作りたいもの、作れるものを基準に商品開発を行うことである。マーケットインは、プロダクトアウトとは逆に、顧客（マーケット）の意見・ニーズ・ウォンツをくみ取って商品開発を行うことである。

プロダクトアウトやマーケットインは、商品の生産販売に関してよく使われる言葉であるが、考え方は政策についても同様である。法律や条例や制度は、本来、社会の問題解決のためにある。法制度は、ある時代の経済社会環境（マーケット）に対応すべく作られたものである。しかし、ある時の経済社会環境の下で制定された法律が、時が変わった今も適切であるとは限らない。それなのに、公務員は現在の法律・制度をいかに適切に運用するかだけを考える番人にとどまるケースがしばしばだ。

公務員の仕事として「今、何が社会から求められているか。何が将来の社会にとって良いことかを考え、それを実現すること」も重要ではないだろうか。今の法律・制度が現在あるいは将来の経済社会環境に対応しておらず、逆に社会の足かせになっているのであれば、その法律・制度を必要に応じて変えていかなくてはならない。

マーケットが何を求めているかを探るためには、現在のマーケットだけを考えるのでは不十分だ。もう少し中長期的展望に立って、どういう将来の社会の姿が望ましいのか、マーケットはどう変化するのかを考え、将来像の実現のためにどういう政策を打ち出すかを念頭に臨むべきである。

（参考）

「顧客はより幸せでよりよい人生を夢見ている。製品を売ろうとするのではなく、彼らの人生を豊かにするのだ」（スティーブ・ジョブズ）

| 事例1 | ある企業の開発部門の発言に対する経営者の言葉 |

開発部門：他社に先駆けてこの技術を開発し、製品化しました。これだ
　　　　　けの機能を持っていれば1台100万円でも安いと思います。
　経営者：100万円で安いか高いかを評価するのは開発部門ではなく、
　　　　　お客様。値段はお客様が感じる価値に応じて決める必要があ
　　　　　る。

| 事例2 | 法制度の番人 |

公務員：○○法に基づき、制度は△△になっています。だから、この制
　　　　度に基づき、このように「こと」を進めていきたいので、御理
　　　　解をお願いしたい。
経営者：現在の法律・制度は、それができたときは良かったかもしれな
　　　　いが、今、そのまま適用することが今の社会にとって、あるい
　　　　は将来にとってどういう良いことがあるのか。会社や人にはど
　　　　ういう影響が出るとお考えか？
公務員：とにかく今の法制度ではこれしかできません。

| 参考 | 明治日本の産業革命遺産　"文化財保護法ではなく、港湾法の体系で、世界遺産の保全を担保する" |

　2015年、「明治日本の産業革命遺産」の世界遺産登録が決定した。筆
者は、その構成資産の1つである「三池港」の保全管理方法にかつて関
わった。
　そのときの関わりが公式ホームページの PEOPLE というサイトで紹
介されているので、ここで許可を得て、転記する。
　「何が社会にとって良いことか」から始める1つの例である。

――「明治日本の産業革命遺産」のプロジェクトに関わるようになった

第5章　能力を磨く　　141

きっかけを教えてください。

難波副知事：2010年、加藤康子さんが九州地方整備局へご相談に来られたのがきっかけです。私はそのとき副局長でした。相談の内容は、「九州、山口、釜石、韮山の産業遺産群を世界遺産にするために活動をしているが、三池港という、現在も稼働しており、将来にわたって変化し競争力を維持しなければ稼働を維持できない経済的施設について、文化財保護法による保存管理では港湾の稼働に影響が出る。何かよい方法はないか」というものです。即座に「それは港湾法の体系を使えばできます」とお答えし、そこからご縁がはじまりました。

——「文化財保護法では港湾の稼働に影響が出る」というのはどういう意味ですか？

難波副知事：文化財保護法は、その名の通り「保護管理」つまり「変わらないように護り管理する」意味合いが強い。三池港は発展し続けている産業港です。このような経済的な施設は変化していかないと競争力がなくなり、産業港としての価値が維持できなくなってしまいます。そういう意味で、文化財保護法と稼働資産は「なじまない」のです。

——「変化していかないと競争力がなくなる」というのは？

難波副知事：変化していくとは、経済社会環境の変化、あるいはユーザーのニーズにあわせて、港を改良し変化し続けていくということです。たとえば、いままでは5000トンまでの船が入れる港だったのを、部分的な改良によってすぐに1万トンの船が入れるようにしたいとします。しかし、文化財保護法で管理される場合、こうした改良については、一つひとつ文化審議会にかけないといけない。審議の結果が出るまでに1年、2年要することもあり得ます。その間に、お客様は「もう結構です。他を探します」となります。

——文化財保護法で管理される場合、部品のネジひとつを変えるのにも審議が必要と聞きました。

難波副知事：ですから、文化財保護法の管理下では、三池港が経済インフラとしての競争力を失うことになる。だから世界遺産になることを所有者は望まない。でも港湾法を利用すれば、港湾の中にある遺産の保護

と経済活動の両立ができ、世界遺産登録にも協力してもらえると思い、加藤さんに提案しました。

——三池港は、その管理者や所有者が特殊と聞きました。

難波副知事：はい、三池港は、もとは企業の私有の港でした。それを、公共にも使えるよう、福岡県が港湾法でいう「港湾管理者」になり、国の重要港湾に指定され、国や福岡県が港の拡張事業を行いました。このため、三池港では、国、福岡県、企業が所有し管理している施設（防波堤や岸壁など）が混在する形になっています。したがって、保存管理の方法については、港湾管理者である福岡県や企業が納得するものにする必要があります。

——そこから、どのような活動をされたのでしょうか。

難波副知事：アイデアの具現化です。港湾法のどの部分をどのように適用するか、港湾計画をどのように使うか、港湾計画の中にどのように書き込むか、加藤さんと相談しながら、マスタープランを作成しました。三池港が文化遺産になっても、港の利用と遺産の保護が両立するような制度の運用を考えました。日本の港湾においては初めての取り組みです。港湾法でできると思ったのは、加藤さんと私、そして、ピアソンさんら海外の専門家くらいでした。ですから、本当に、港湾法でできることを示さなければ、誰もついてきません。そこで、港湾法を適用した保存管理計画はどのようなものかを形あるものとして示すことにし、三池港の世界遺産としての保存管理計画の素案をつくってみました。コソン卿やピアソンさんらの励ましと助言が支えでした。それによって、だんだんと、これならできるかも、と思う人が増えていきました。ただし、これは三池港についての保存管理法という方法論の話です。

——運用はどのように考えていったのですか。

難波副知事：（中略）明治日本の産業革命遺産を世界遺産にという着想がすばらしいし、その上、プロジェクトに対する加藤さんの信念と情熱にふれれば、加藤さんを応援したくなると思います。だから私も本気で取り組みました。「三池港を世界遺産にしたい」と、加藤さんも思っているし、地元も思っている。しかし、それが港湾の利用に支障がないと

第5章　能力を磨く　　143

いうのが前提です。法律をどう適用するかという点では、もともと港湾法には、重要港湾である三池港においては、港湾計画という「港湾の開発、利用、保全等に関する計画」を定めなければならないという規定があります。この港湾には、世界遺産の対象となるような施設も含まれています。ですから、法律を変えなくても港湾法に基づく管理の体系をしっかりつくれば、世界遺産の保存管理の仕組みをつくることは可能です。私は実務家として、その仕組みを提案することでお役に立てると思いました。（中略）

——そこで、最終的には文化庁ではなく、内閣官房が「明治日本の産業革命遺産」の世界遺産登録推進を担当することとなり、三池港は港湾法制度での管理が決まりました。

難波副知事：それでも、文化財の関係者の多くは、開発志向の国土交通省や港湾関係者に任せて、遺産の保護ができるわけがないと思っていたはずです。だからこそ、国交省や港湾関係者は見事にやってみせないといけない。みなそういう気持ちになっています。（中略）

——世界遺産登録後は、推薦書とともにユネスコに提出した保存管理計画の実行、そしてインタープリテーション計画の策定と実行がユネスコより求められます。三池港の保存管理計画は、副知事がつくられたと伺いました。

難波副知事：保存管理計画の素案は、九州地方整備局の森企画官（当時）、入省２年目の大庭くんと一緒につくりました。港湾全体が世界遺産で、それを港湾法の体系で保存管理するということは他に例がありません。試行錯誤しながら結構苦労して、しかも海外専門家の助言を得るために、日本語と英語の併記で書きました。ただ、あくまで素案でしたので、（中略）最終版を見ると、自分の書いたものも少し残っていますから、少しはお役に立てたようです。（後略）

㉖「絵に描いた餅」で満足していませんか？

　今まで、地域づくりについて、いったいいくつの未来図（○○構想）が描かれ、そのまま実現されず「絵に描いた餅」になってきたのだろうか。

　未来図の実現のためには、⑧で述べたように、"人の心が動く具体的未来図"を書き、⑨で述べたように、"目標を実現するための具体的戦略を考え抜く"ことが重要である。

　具体的戦略としては、実際の現場・地域全体（多くの主体・人）が動く組織・仕組み（マネジメントシステムやプラットフォーム・投資環境）をどうつくるか、そして、誰が中心となって動き回り、実際にその地域づくりのプレーヤーの参加を促すかを詰めなくてはならない。これが行政機関の重要な仕事である。一方で、実際に地域の未来図を描き、その実現に向けた取り組みの推進をするところは、行政機関が適役とは限らない。DMO／DMC（ディーエムオー／ディーエムシー）(注1) やUDC（アーバン・デザイン・センター）(注2) などのまちづくりの公民学連携組織など、それぞれの地域で目的と地域特性に合った地域づくりの組織に任せることも検討すべきだろう。

　下の事例のように、ビジネス領域に関わる部分においては、行政機関は、いわゆるスピード感があまりに遅いとしばしば指摘される。構造的ともいえる問題を打破するには、意識改革が重要だが、それよりも、新しい構造（組織）をつくる方が効果が高い場合もある。

（注1）DMO/DMC：Destination Management/Marketing　Organization/Company。多様な関係者と協同しながら、明確なコンセプトに基づいた、観光地域づくりを進めるための戦略策定、その実行を行う組織又は法人。
（注2）UDC：Urban　Design　Center。特定の地域において、行政機関や企業・団体・大学など、地域に係る各主体が連携し、都市デザインの専門家が客観的立場から携わる"新たな形のまちづくり組織や拠点"。

| 事例1 | 投資家側がすぐ動ける状態をつくる |

投資家　：清水港のこの場所に○○をオープンしたいが、
　　　　　いつまでにどのくらいの土地が用意できるのか？

行政機関：ありがとうございます。これからすぐに地元調整に入ります。
　　　　　どのくらい時間がかかるかは、今は確定的には言えません。

投資家　：候補地は他にもある。他の場所は1年で手続きが終了すると
　　　　　言っている。これまでのご説明に感謝します。
　　　　　失礼します。（以上、終わり）

| 事例2 | 誰も行動しない |

有識者　：この地域は人口減少で消滅する恐れがある。○○のようにす
　　　　　べきで、農山村はこの計画を実行しなければ生き残れない。

地域の人：その通りで素晴らしい計画だと思います。それでは誰がどう
　　　　　動けばそれを実現することができるでしょうか？

有識者　：それは……。人に聞いているばかりではなく、自分たちでど
　　　　　う動けばよいかを考えることが重要なのです。

地域の人：そうは言われても、ここには人も金もないし、難しいです。

(4) 論理構成力・問題解決力

> ㉗目的と手段を混同していることに気付いていますか？

　"政策目的" と "その手段" がしばしば混同される。それでは、適切なあるべき姿・目標設定はできない。「考え方」が誤まっている１つの例といえる。

　例えば、「港湾の国際競争力強化」という政策を考えてみよう。これは、政策目的なのか、それとも単なる何かのための手段なのか。また、「産業の国際競争力強化」についてはどうだろうか。

　設定した目的が、自動的に社会的にとっての「善」（善いアウトカム）に直結しているか否かをチェックしてみると、目的と手段の混同に気付きやすい。

　「産業の国際競争力強化」は「経済の稼ぐ力を高めること」と直結しており、それ自体が善である。よって政策目的といえる。

　しかし、「港湾の国際競争力強化」は、それ自体がすぐ「経済の稼ぐ力を高めること」とはいえない。「港湾の国際競争力強化」をすればなぜ経済効果につながるかには追加説明を要し、自動的に善（目的）とはいえない。「港湾の国際競争力強化」は「産業の競争力強化」や「物流効率化」のための手段の１つである。

column
アウトプットとアウトカム、そして費用対効果分析

　アウトプットは「つくり出されたもの（出力の結果）」、すなわち手段であり、アウトカムは「つくり出されたものによってもたらされる成果・効果（出力の成果）」、すなわち目的といえる。道路でいえば、ある区間の開通がアウトプット。それによってもたらされた「移動時間の短縮効果」がアウトカムである。

　1995年頃、公共事業批判が盛んになった。道路や港湾などのインフラ

第５章　能力を磨く　147

が決定的に不足していた時代では、最適投資となっているか否かはともかく、何を造っても高い投資効果が得られた。量的拡大というアウトプットが重要であり、アウトカムの議論は不要だった。しかし、次第に投資効果が低いものが造られる事例が出てくるようになり、公共事業批判につながった。投資の質が問われる時代へと移っていく。

当時、旧運輸省港湾局計画課の予算担当の課長補佐だった筆者は、公共投資の成果・効果（社会的便益、Benefit）を金額として算定し、それを費用（Cost）と比較するという「費用対効果分析（B/C分析）」を行うべきと考えた。旧建設省道路局にも同様の考えの者がおり、旧大蔵省のよき理解者らと一緒に、公共投資における費用対効果分析導入を進めることになった。これは投資効果を見える化し、外部への説明責任を果たすとともに、これまでアウトプット（つくり出すこと）第一と考えがちだった組織内に、目的はアウトカム（使われてどういう社会的便益が出るか）ですよ、と意識させる効果があった。

何を社会的便益とし、それをいかに数値として算定するかのマニュアルづくりも一気に進めた（今も使われている分析の際の社会的割引率４％は、当時の長期プライムレートを参考にし、筆者らが提案した）。これを用いて費用対効果（B/C）を分析すると、中には、事業中（整備途上）であっても中止した方が社会的損失が少ないほど、著しくB/Cが低い値の事業が出てくる。中止すべきと判断した事業については「休止」（一時事業中断）という言葉を用いて実際にいくつか休止した。当時、あいつは気が狂っていると多くの人から言われたことを思い出す。

今では当然となっているプロジェクトの「事後評価」という言葉についても、少なくとも、土木学会論文集で国内プロジェクトに使ったのは、筆者らが初めてであると自負している。それは、「The Post-Project Evaluation of the Minamata Bay Environment Restoration Project（1998）（水俣湾環境整備事業の事後評価）」（土木学会論文集、JSCE、№602／VI-40、pp.157-173）。当然この事後評価ではアウトカムを評価した。

ただ、原稿の投稿から掲載までに２年近くを要した。論文の査読者

（論文の論文集への掲載の可否を審査する者）の1人から、「人のやった
プロジェクトを、別の人が事後に評価することに何の価値があるのか」
という否定的な指摘があったからだ。投資効果の客観的評価に対する意
識がいかに低かったかを物語っているように思う。

参考	費用対効果分析の使い方

　筆者は、費用対効果分析については、現場適用のプロ、すなわち、単に理論に詳しいだけではなく、その弱点や限界を理解し、現場に適用できるプロと自負している。以下にその使い方について、注意点も含め記す。

1．費用対効果分析の必要性

　道路、港湾などの社会資本の整備において、新しく事業（新しい道路の整備など）に着手すべきか否か（新規採択時評価）、現在の事業・投資を続けるべきか否か（事業中の再評価）、すでに完成し機能を発揮しているものの投資効果はどの程度か（事後評価）を検討する際に、費用対効果の数量分析結果（費用便益比：B/C）は、最も重要な評価指標になる。

　費用対効果の数量分析結果（以降は単に「費用便益比」と表す）は、便益の数量分析ができるよう「便益」の範囲を限定的に捉えている。

　企業の事業（投資）であれば、ある費用をかけて事業を行う際に、それによって将来どれだけの利益を企業が得ることができるかを分析する（事業の収益性あるいは採算性分析）。これに対して、道路や港湾などの社会資本については、例えば道路は「渋滞の緩和による走行時間の短縮効果」などの社会的便益がどの程度発生するかを分析する。ここでいう社会的便益は、利益とは異なる。一般道路で渋滞が緩和し移動時間が短縮されれば、利用者の利便性の向上という社会的便益（社会が得られる便益）が発生するが、国は利用料金を徴取しないため、直接の金銭的利益は得られない。このような社会資本については、利益ではなく、社会的便益を貨幣換算し、投資費用（維持管理費を含む）と比較することで、投資効果を分析する。

　費用については、数値（金額）で算定できる一方、社会的便益の数値算定はそれほど簡単ではない。例えば、静岡県沼津市の鉄道高架事業で

は、"駅周辺への関連投資によってまちが活性化する効果"が期待される。高架事業が周辺の投資を誘発するものだが、それだけが投資誘発の理由とは明確に言い切れない。このような場合、効果については費用対効果分析では、通常、便益に算定しない。また、駅下の自由通路のバリアフリー化や、駅の南北のまちの一体化効果も、算定しにくく、便益として金銭換算はしない。

このように、費用対効果分析で金銭換算する便益は、"費用とそれによって発生する便益の間の因果関係が明確に説明できるもの"、"便益を金銭で算定できるもの"に限っている。

「費用対効果分析で算定する便益（B）は、事業により直接・間接に発生する便益の一部を算定しているにすぎない」という点を理解いただけただろうか。

それでも、この分析は以下の点で重要である。

ⓐ便益を限定的に見積もっても、費用の何倍の便益が発生するかを客観的に評価し、市民、納税者又はその代表者へ事業の投資効果について説明責任を果たす。

ⓑ施設の整備者（国や静岡県）が、便益は何で、何をすれば便益をあげることができるかについて認識を深める。

ⓑについては、かつては、「整備者」は、何をどう造るか（アウトプット。例えば○○道路の整備）に気を取られ、それができたことによって社会にどういう便益がもたらされるのか（アウトカム。例えば渋滞緩和による走行時間の減少）への意識が希薄になりがちだった。費用対効果分析が本格的に行われるようになって15年以上が経過し、最近は整備者のアウトカムへの意識が強くなったことは良いことである。

もう１つ重要なことは、「投資判断において費用便益比を指標として用いることの重要性」を認識しつつ、その一方で、費用便益比の計算方法の細部にとらわれすぎないことである。以下にその理由を述べる。

2．費用便益比の計算上の不確実性

事後評価は、すでに施設が機能を発揮していることから、B/C算定

における不確実性は比較的小さい。これは、ある商品を売り出す前は、どの程度売れて利益がでるかについて不確実性が高いが、一度、市場に出されていれば、これまでどの程度売れたかを基に、将来の売れ行きや利益の予測、分析ができるので、将来利益の算定については、比較的不確実性が低くなるのと同じである。

　新規採択事業の評価における費用対効果分析は、比較的大きな不確実性が伴う。一番大きな不確実性は、将来需要の予測である。道路でいえば交通量、港の岸壁ならば取扱貨物量である。

　商品の場合、売れ行きは個人の好みや競合商品の存在などで大きく左右される。一方、道路や港湾などは、個人の好みの問題よりも、将来人口や国全体の経済成長率、周辺地域社会・経済の変化など、いわゆるマクロの指標が影響する。どれも不確実性が伴うことから、最も確からしい（ありそうな）値を用いて分析した上で、一般には、感度分析という手法を使う。

　沼津駅付近鉄道高架事業では、2011年度の事業再評価において、費用便益比（B/C）が「1.50」と算定されている。経済成長率などについて、将来最もありそうな値を用いて交通量を推定している。しかし、将来交通量や供用開始時期には不確実性があることから、感度分析（その値が変化することによって、どの程度、B/Cの結果が影響されるか）を行っている。これによると、交通量が±10％変動した場合のB/Cは1.36〜1.66に、供用開始時期が±3年変動すると、B/Cは1.33〜1.66に変動する。

　このように、B/Cは、正解を求めるものではない。将来起こり得そうな状態を設定し、さらにその状態の変動も考慮し、B/Cの値を「概ねこの程度と推定できる」という精度で算定する。

３．現在価値と社会的割引率

　費用便益比計算では、社会的割引率として年率４％を用いる。この値が何であり、適切か否かについて議論されることはあまりない。しかし、計算結果には大きく影響する。「将来発生する便益を、今年発生す

る便益よりも割り引いて低く評価する程度」が社会的割引率である。割引率4％とは、来年の100万円の便益は、今年の96万円の便益と評価するということである。毎年4％ずつ割り引くので、20年後の100万円の便益は、今年の46万円と同じ。これを、現在価値46万円という。便益だけではなく、費用についても同じである。B/C を算定する基準となる年よりも過去に発生した費用は、逆に割り増しされることになる。

年　度	25	26	27	28	29	⋯	37	⋯	47
実際にかかった費用	100	100	100	（実際にかかった費用　300）					
現在価値換算費用	108 〈100*1.04²〉	104 〈100*1.04¹〉	100 （100）	（現在価値概算総費用　312）					
その年の発生便益			100	100			100		100
現在価値換算便益			100 （100）	96 〈100/1.04¹〉			68 〈100/1.04¹⁰〉		46 〈100/1.04²⁰〉

↑
供用開始

　このように、供用開始時点で計算する総費用 C は、過去に使った費用を割り増して計算することになる。このため、供用開始が遅れれば、B/C 計算の分母となる C が大きく計算されるため、B/C が下がる。先に述べたように、供用開始が3年遅れると B/C が1.50から1.33まで下がるのはそのためである。(注)

　現在、年率4％を用いる割引率は、約22年前（1996年頃）、筆者らが「社会的割引率は長期プライムレート（優良企業への長期貸し出しレート）＋αが適当」と考え、当時の長期プライムレート3.5％にプラスアルファした4％を、暫定値として使い始めた。その後、有識者等にも意見をいただいて決定され、4％のまま使用されている。

　現在の長期プライムレートは約1％であり、4％は明らかに大きすぎる。建設投資の場合、施設の供用開始までに年数がかかるのが通常なので、その費用は大きく割り増しされて換算され、逆に、将来長期にわたって発生する便益は、大きく割り引いて換算される。結果として、B/C は小さくなる。沼津の例で B/C を試算すると、割引率4％のときの1.50に対し、2％では2.44になる。

　このように、B/C の値は、これが正しく、絶対的というものではな

第5章　能力を磨く　　153

く、不確実性のある値として扱い、投資判断の1つの目安として用いるべきだろう。

（注）ここでは理解しやすいよう、「供用開始の年」をB/C計算上の基準年（現在価値計算上の「現在」）としたが、実際の計算では、基準年は適宜適切に設定する。

4．費用対効果分析の使い方

　現在、社会資本整備の評価で用いられている費用対効果分析は、a.便益を限定的に捉え、b.不確実性があるものを、ある仮定を置いて評価し、c.さらに将来の便益を大きく割り引き、過去の費用を大きく割り増した上で算定している。総じていえば、便益を小さく見積もる方法により算定されている。それはB/Cを正確に出そうということではなく、あくまで事業の必要性を判断するための1つの材料（小さく見積もったとしてもこれだけのB/Cがある）として使うために、算定しているにすぎないからである。

　ある仮定の下、小さめに評価されている便益について、さらに詳細な分析を行って（もちろん明らかな間違いは正すべきだが）、「○○の部分の便益が過大に評価されている」とし、費用対効果分析全体に信頼がないと批判しても、生産的ではないように思う。逆に検討に時間と費用を要し、着工、供用までに時間をかけすぎることは、投資効果自身（B/C）を落とすことになりかねない。

　費用対効果分析の使い方として、以下の点を認識しておきたい。

ⓐある事業の費用対効果がどの程度かを評価する重要な指標の1つとして用いる。

ⓑ特に、同種の事業の優劣を判断するには有効である。

ⓒB/Cの大小をもって、道路や港湾や河川などの異なる分野の事業間の投資の優劣を判断するのは適切ではない（それぞれの分野で何を便益とするかが異なるため）。

ⓓあまりに精緻な分析を行うために、時間と費用をかけすぎない。

ⓔ数量計算で求めた便益以外にも多くの便益が存在することを認識する。

㉘安易にイベントに走るなど、対症療法に終始していませんか？

　問題が発生した際に、速やかに対処することが重要である。対処法は、「対症療法」と、「原因療法・根治療法」に大別できる。

　対症療法は当面の問題解決のためには必要でも、たまっていて表面に現れた"うみ"を単に取り除いたに過ぎず、次々に同様の、あるいはもっと深刻な問題が発生する可能性がある。

　対症療法とともに、症状の根底（原因）は何かを分析し、そこから改善していくことが不可欠だ。手間ひまかかっても、それを避けて楽な道を選んではいけない。

　社会問題解決の方法として、住民や企業の意識向上による自主的な取り組みの促進がある。地方行政機関は、意識向上をイベントやシンポジウムなどで行おうとする傾向が強い。背景には次のような表面だけを見た浅い思考があるように思う。

　　なぜ、この問題について社会の取り組みが進まないのか？

↓

　　この問題についての社会の意識が低いからである

↓

　　それでは、啓発イベントを行い、県民理解を深めよう

↓

　　イベントを開催。1万人の来場者があった。大成功

↓

（1年後、昨年のイベントの効果が出ているかどうかは未確認のまま）
今年は、1.5万人のイベントにしよう

　いつの間にか、来場者数が仕事の成果を測る評価指標（KPI）(注) になっている。真に設定すべき評価指標は住民の意識変化の程度である。住民意識の根底に目を向けなくてはならない。単に知識として知らないのか、知っていても賛同できないのか、賛同できないのであれば、なぜ

第5章　能力を磨く　　155

賛同できないのか、と論理的に突き詰め、解決策を考えることが必要である。これを怠り、安易にイベントに走っても、真の結果は出ない。

　事例は、「対症療法として、目先のキャンペーンで介護職に人材を集め、当面の人手不足を補う」と、「根治療法・原因療法として、スキルの早期向上・所得向上により、介護職を魅力ある職業とする」のどちらを施策として選択すべきかを考えるものである。結論は自明と思われるが、安易に対症療法を選択する例が散見される。

（注）KPI（Key Performance Indicators）：重要業績評価指標。組織において、個人や部門の業績評価を定量的に評価するための指標。達成すべき目標に対し、どれだけの進捗がみられたかを明確にできる指標を選択する。

事例　介護職に人が集まらない。県としてどういう取り組みを実施すべきか。

ⓐイメージづくりをする方法

　介護職に人が集まらないのは、介護の仕事は大変というイメージがあり、またその重要性が社会によく知られていないからである。介護職は社会にとって大事な仕事だということを社会に認知してもらうためのセミナーやキャンペーンをしたい。このための予算を500万円計上したい。

ⓑシステムづくりをする方法

　介護職が社会にとって大事な仕事であるというのは、多くの人が分かっている。問題は「なぜ大事な仕事と分かっていても、実際に介護職に就かないのか、あるいは就いてもやめる人が多いのか」だ。その原因が何かを分析し、それに対して有効な対策を実施すべきだ。そこで、介護職の勤務実態・条件を調べてみた。すると、介護職の平均年収は他の産業部門より10万円／月も低いことが分かった。一方で介護のスキルが上がると給与も上がるが、スキル向上には時間がかかり、よって給与も上がりにくい。対策として、ICT を用いたスキル向上システムの開発・普及を始めることが有効だと思う。予算には……

　ⓐ、ⓑで何をなすべきかは全く異なる。ⓐのような単なるイメージづ

くりでは問題解決にならない。ⓑは、人材育成のシステムやプラットフォームづくりである。実行には困難も伴うが、実現すれば生産性向上、所得向上・就労者増という根治療法になりうる。

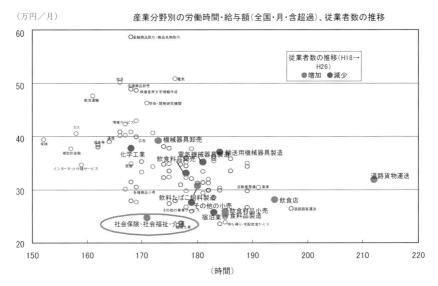

出典：2015年賃金構造基本統計調査（厚生労働省）

㉙短絡的に「この原因は○○。この○○を変えれば問題解決」と
言っていませんか？

　世の中で起きている問題は、様々な要因が絡み合っている。従って、
「これをやれば問題解決」ということはまずない。もしそうであれば、
すでに誰かが解決している。

　下のスマホの事例でいえば、原因はスマホではなく、学習習慣である
にもかかわらず、単純に「スマホを使用禁止にすれば問題解決」として
しまう。KKO（勘・経験・思いつき／思い込み）や、私は「こう思う」
という自分の考えを持つことは重要だが、分析なしで正解が出せる人は
ほんの一部である。普通の人は、**ロジカルシンキング、すなわち交絡す
る様々な要因を構造的に整理・分析し、単純に考えられるような状態と
した上で、問題解決策を論理的に考え抜くよう努めるべきだろう** (注)。

　例えば、実態（現実）を直視し、なぜそういうことが起きるのか？なぜ？なぜ？（Why？）と問い続け、だから何なのか？その意味は？
（So What？）と論理的かつ分析的に考え、最後になぜそう言えるの
か？（Why So？）をまとめていく。

　この方法は学んでおくべきロジカルシンキングの１つである。ロジカ
ルシンキングについては数多くの優れた書籍が出ている。その学習は実
務家公務員の必修といえる。

　ただし、深入りする必要はない。大事なのは、ロジカルシンキングの
基礎的手法を学んで、複雑な事情が絡む現場で適用し、分析力や論理構
成力などを磨くことである。

（注）交絡は、データ解析などにおいて、因果関係の判断を惑わせる要因の１つであ
る。例えば、統計モデルにおいて、従属変数（観測された現象）と独立変数（原因）
の両方に相関する第３因子が存在するときに、第３因子が真の原因であるにもかかわ
らず、独立変数を原因と推論してしまう。

| 事例 | 因果関係と相関関係の混同 |

　小学生のスマートフォンの使用時間と学力の低下には相関関係がある。この際、「学力の低下を防ぐため、スマホの使用を禁止する」は正しい解決方法だろうか。答えは否である。

　因果関係とは、2つが原因と結果の関係にあること、相関関係は2つの事項に関係性（連れ立った傾向）があるものの、原因と結果ではない関係を意味する。このスマホの事例は、相関関係に過ぎないものを、因果関係にしてしまう誤りである。この誤りを検証する思考方法としては、例えば中室牧子慶應義塾大学准教授の説明が分かりやすい。それは「もし"原因"となる○○がなかったら」を考えてみることだそうだ。もしスマホを使わなくなったら、それで空いた時間を勉強にあてて学力が低下しなくなる、とは限らない。スマホの使用時間と学力は因果関係でなく、相関関係だから、スマホの使用禁止は学力の低下防止対策になるとは限らない。これは、因果関係と相関関係の混同の、分かりやすい事例である。

> ㉚課題や論理を構造化・単純化し、聞き手・読み手が論理を流れるように理解できるように整理していますか？

　「課題」「論理」「解決策」を他者に説明するときには、それらを構造化・単純化し、専門外の人でも課題や論理のつながりが流れるように理解できるよう整理することが重要である。

　幹部になれば部下から説明や提案を受ける機会が多くなる。その際しばしば閉口するのが、課題（起きている事象と原因、それによる社会的問題）の構造を整理しないで羅列し、解決方法を羅列するタイプの人である。概して口数が多いのに、肝心の頭の中の整理ができていない。説明を聴くほとんどの人は、長い説明に集中力は途切れ、結局その人が何

第5章　能力を磨く　159

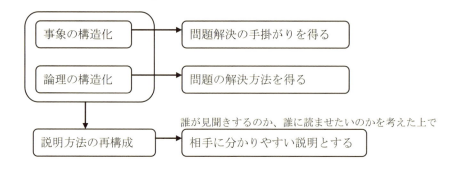

を言いたいのか分からない。

　通常、課題を発生させている事象は複数あり、複雑に絡み合っている。それを1枚の紙に文章でただ並べても、一見するだけでは課題の構造（どういう事象が何と絡んでいて、その結果、何がなぜ生じているかなど）が分からない。まして、耳から聞くだけでは複雑な構造はつかめない。文章で整理するのではなく、ロジックツリーやマトリックス、図を使って、「これはこういう構造になっています」とさっと整理できる技術を磨くことが求められる。

　複雑なことを単純に考えるためには、「構造化」の技術力が欠かせない。構造化には「事象の構造化」と「論理の構造化」がある。

　さらに、それを相手が理解しやすいような説明とする必要がある。そのためには、誰が読むのか、誰に読ませたいのかを考えた上で、事象と論理を整理する「説明方法の再構成」が必要である。

　さらに気を付けるべきは、「論理を自分の都合のよいように流さない」ことである。代替案などの選択肢があるにもかかわらず、自分で勝手に解を選び、それに合うように論理を展開する人が意外に多い。ディベートなど、その場限りで相手の論理をつぶす勝負型や説得型のコミュニケーションの場合はそれでもよいが、理解を得るための対話型コミュニケーションでは、通用しない。また、難しいことを言って煙に巻くタイプもいけない。行政への不信につながるし、賛同を得られない。

　（参考）「普通の人は複雑なことを複雑に考える」「賢い人は複雑なことを単純に考える」（京セラ・第二電電創業者　稲盛和夫氏）

事例　企業立地補助金制度の見直し（論理の構造化の例）

　S県において新規工場建設者に対するインセンティブ補助金の交付条件（補助適格条件）を設定しようとしている。説明者は、予算査定担当者に対し、これはどういう問題を考えているのか、を説明する。

（説明者A）：（現状の延長線上の「制度拡充」と認識）

　本県では、これまで制度1（新規工場建設者に対し、投資規模に比例して補助金を交付）で誘致を進めてきたが、近年、マザー工場や研究所など高付加価値型産業については、他県が手厚い補助制度を新設したため、本県は苦戦している。よって、他県との競争優位性を確保するため、制度1を拡充した新制度をつくりたい。

（予算査定者）：予算には限りがある。制度の拡充は認められない。

（説明者B）：（経済社会環境が変化した中での「新しい制度づくり」と認識）

　表面上は補助適格条件の問題に見えるが、本質は、産業政策の目的の変更にある。すなわち、これまでの"企業誘致、雇用創出型"という「量的拡大」から、"企業の生産性向上、雇用者所得の向上"という「質的向上」への変更である。その際に、"補助総額は一定にして、経済社会環境の変化と他県との競争優位性を考慮しながら、複数案から最も投資効果が高いものを選ぶべきである"と認識している。

　経済社会環境の変化として最も大きいのは雇用情勢である。かつては雇用の創出が最重要事項だった。しかし、今は人手不足の時代。いかに質の高い雇用を地域に生むかが重要である。……

第5章　能力を磨く　　161

㉛事実判断と価値判断の違いを意識していますか？

　的確な判断を行うためには、何が事実かを明確にすることが極めて重要だが、しばしば事実に、それを伝える人の主観が入り込む。例えば、「現場は○○となっています」というときに、本人が見た○○なのか、△△を見て○○と判断したのかは異なってくる。事実と事実判断が混同して報告され、議論されることになりかねない。**大事なことは、まずは何が事実なのかを確認した上で、その事実をどう解釈するかという判断を関係者間で行うことだ。**

　問題の分析や解決策の検討の際も、事実判断と価値判断を混同、混合して議論してしまうことがある。行政の判断は、最終的には「社会にとってよいことかどうか」という価値判断を必要とすることが多い。この場合、考え方や価値観の違いによって価値判断の結果は異なる。(注1)

　どちらの価値判断がより適切かの議論においてしばしば、自分の主張を有利にするため、「意識的あるいは無意識に事実を加工し、さらに自分の判断や印象操作を加えて、事実判断を歪める」ことがある。いわば価値判断入りの「事実判断」で、事実について冷静な議論ができないまま、「私の方が正論論争」に陥ってしまう。(注2)

　事実と事実判断の議論に、価値判断を持ち込んではならない。

(注1) 価値判断：あることについて、主観（その人の価値観など）によって価値を評価した上で行う判断。「この花は黄色である」は事実判断。「この花はとても美しい」は価値判断である。
(注2)「私の方が正論論争」は㊲参照。

| 事例 | 中心市街地の近接地への LNG 火力発電所の立地 |

事実の明確化：

　　ⓐ LNG 火力発電所の安全度の絶対値

　　　（LNG タンクが爆発に至るときの原因と爆発に至るプロセス、爆発の確率、爆発時の影響の程度等）

　　ⓑ 様々な視点場から見た景観のパース図等による景観の変化の見える化

　　ⓒ 経済効果の定量化

価値判断：

　　ⓐ 安全度の絶対値を踏まえて、その値を安心と感じるか否か

　　ⓑ パース図を見て、それが景観を阻害していると感じるか否か

　　ⓒ 経済優先か景観・安心優先か

しばしば起きる論争：

　ⓐ「テレビで見た（LPG）ガスタンクの爆発力はすさまじかった。LNG ガスタンクは危険だ」対「いや、あれは LPG タンクの爆発だった。LNG と LPG とは爆発の形が違う」

　　（双方とも過去の事例の科学的分析が不十分。LPG タンクと LNG タンクとでは、仮にガスに引火した際の燃焼形態が大きく異なる）

　ⓑ「これでは煙突で富士山の景観が台無しになる」対「煙突は低いので問題ない」

　ⓒ「発電所立地の経済効果はほとんどない」対「いや極めて大きい」

第 5 章　能力を磨く　　163

㉜首長の価値判断と行政判断の違い、それに対する市民感覚を意識していますか？

　ある事業計画について、首長は、その事業実施に反対なのに、法律上は、その事業計画を許可し、実施可能とせざるを得ない、という場合がある。なぜ、このようなことが起きるのだろうか。

　何が大事か、というのが「価値評価」あるいは「価値判断」である。例えば、「経済的利益」と「環境や景観」という価値のどちらをどの程度、重視するかを判断することは価値判断といえる。何が大事か、どうあるべきかというのは、その人の価値観や考え方（主観）なので、価値判断の結果は人それぞれである。

　一方、県庁などの行政機関は、それぞれ、法律や条例、規則などに基づいて規制や許可を行う「公的権限」を持っている。これは、知事などの首長や行政機関の裁量によって、自由に（主観で）判断してよいというわけにはいかない。規制という公的権限は、県民や事業者の「権利」に何らかの制限を加え、あるいは「義務」を課すことになる。だから、権限の行使に当たっては、公平・公正性と客観性が必要である。日本は、法治国家、法治（制定法）主義なので、議会で制定された法律や条例（文書として書かれたもの）等に基づいて、公的権限が行使される。公平・公正性や客観性を保つため、行政機関は、規則、要綱などによって、運用方針や具体的基準を定め、これを公表する。それによって、県民は裁量の内容を知ることができるし、行政の裁量の行き過ぎを監視することができる。

　ある事業者が、ある所で、ある施設を建設したいとし、法律に基づいて、事業計画などを策定し、行政上の許可を得るべく手続きを進めようとする。これに対し、地域住民の一部又は多くが、計画は、住環境や景観を害すると、この施設の建設を止めようと反対運動を始める。運動により、事業者との間で話し合いがつけばよいが、事業者があくまで手続

きを進める場合、住民は事業を止める法的な権限を持っていないので、行政機関に対し、その公的権限に基づいてこの計画を止めるよう要望する。

これに対して知事はどう対応するのだろうか。知事の判断には、「価値判断」と「行政判断」がある（さらに、何が事実かを判断する「事実判断」もある。㉛参照）。県行政の責任者として選挙で選ばれた知事は、自ら価値判断をし、それを責任ある立場で、表明することができる。「この施設はこの場にふさわしくない」として、建設反対を表明する。当然だが、この価値判断は、県民など地域の方々や利害関係者の意向を考慮したものでなければならない。(注)

一方で、行政判断は、この価値判断通り実行し、この建設を止められる、止めてよいとは限らない。

行政機関は、環境や景観について、環境影響評価法や景観法という関係法令、県独自の条例などによって、適切ではない事業計画に対しては、配慮を求めたり制限をかけたりすることができる。事業者は、法令に従い、環境や景観への影響を評価し、「影響はない」あるいは「影響は極めて小さい」ことを示す必要がある。行政側は、事業計画を審査し、許可、不許可を判断するが、その際には可否の理由を客観的に説明・証明する必要がある。同じような環境や景観への影響なのに、あるものは「問題なし」と判断され、別のものは「問題あり」と判断されては、事業者側も、住民側も、納得できない。行政の判断には客観性が求められる。

施設を建設し、運営する事業者は、法律等の規定や基準を基に、行政上の手続きを整え、建設を進める権利がある。この権利は尊重されるべきである。制限するには、法律上の規定や基準等に照らした根拠が必要である。規定や基準には、判断基準が事細かに書かれているわけではないから、裁量の余地がある。しかし、裁量がその時々で大きく違う判断（恣意的判断）になっては困る。従って裁量の範囲には限界がある。首長の行政判断としては、「環境や景観には影響を与えるが、建設が認められないとするまでのものではないので、事業を許可する。事業者に対

第5章 能力を磨く 165

しては、環境や景観に十分配慮を求める」とせざるを得ない場合がある。仮に許可しない場合は、事業者から訴えられ、裁判で負けて損害賠償を求められる恐れがある。価値判断としては反対だが、行政判断としては許可せざるを得ないという首長の対応は法的にやむを得ない。

この行政判断に対して、市民側から見た反応はどうか。「首長は事業計画に反対なのに、なぜ許可をしてしまうのか疑問だ。市民感覚には合わない」というのが一般的だろう。

首長も市民感覚はよく分かっている。しかも、自らの価値判断と食い違っていたとしても、行政判断としては許可せざるを得ない場合がある。文字通り「苦渋の決断」をする首長の胸中は想像できよう。

このような事態に陥らないためには、事業計画について早い段階からの首長の明確な価値判断と、その表明が重要である。問題のある事業計画が出てくる前に、条例などによって制限を強化することも検討すべきであろう。

（注）意向を考慮：意向をそのまま受け入れるという意味ではない。

> ㉝スピード感があるつもりになっていませんか？

「スピード感をもって」は今や行政機関の常套句である。

国の機関に出向した地方自治体の職員は異口同音に国の機関の仕事のスピードの速さについて印象を語る。

中央省庁では、どんなに内容を詰めていても、答えが時間内に要求水準に達していなければ０点とされることがしばしばある。国会対応は１つの例であるが、このような訓練の場があるため、最低限の要求水準（例えば60点）を満たして「とにかく間に合わせる」ことの重要性が組織文化として根付いている。

一方、地方自治体においては、総じて結論が出るのが遅い。それは、組織文化や人の意識の問題とともに、課長、局長、部長代理、部長の了

解を順次得ていくシステムの問題の両面が理由だろう。一般に国の機関の方が地方より階層がフラットで、個々のチームの自立性、自律性が高い。

　一番困るのは、制限時間ぎりぎりまで100点を目指して頑張った揚げ句、０点に近いものを出してくる人である。**最初から100点を求めないで、50点を超えたと思うところで、上司に相談してみる。それで方向（考え方）が良ければ、さらに詰める動作が重要である。**

　注意すべきは、**「スピード感」は自分や自分の組織から捉えるものではないことである。**組織の中では速いと思っても、外から見れば止まっているように見えることはしばしばある。メールの返信について、「忙しい人は早い。暇な人は遅い」と言われるが、遅い人は自分の遅さに気付いていない。

　大事なことは、外部から見たスピード感である。

column
上司の「ムダ詰め」

　上司には、内容の詰めをする人と全く詰めない人がいる。前者がよいかというとそうとは限らない。「考え方」の重要性は前に述べたが、「考え方」がマイナスの人が100点を取れるよう詰めると実に有害である。この上司の指導で散々詰めた後に、さらに上の上司に相談したところ、「何だこれ」と一からやり直しとなることがしばしばある。ここでは違う方向で詰めた「ムダ詰めの時間」と、「ムダ詰めのやり直しで心が萎える」という両方でムダである。働き方改革の根底からの解決策は労働生産性の向上だが、上司のムダ詰めの回避はその中で最も重要な方策の１つである。

> ㉞戦略の誤りを、戦術、現場の努力で補おうと頑張っていませんか？

　何事も全力で頑張る。これは意欲として最も大事なことである。しかし、**"自分だけで頑張る人"は時に問題を起こす。自分（たち）だけで解決できる問題か、それとも、他の応援を求めるべきかを中間管理者は常に考えなければならない。**

　㊌の危機管理でも述べるが、"戦力の逐次投入"は避けなければいけない。方針を立てて実行してみたが、戦力が不足していて現場がうまく結果を出せない。このときに自分たちだけで"頑張ろう"として、指揮官が自ら現場に出て戦っても、やはり結果は出ない。

　戦略の誤りを、戦術や現場・個人の努力で補おうとしても、ほとんどの場合、悲惨な結果となる。特に、自分の戦略・戦術ミスで、物事がうまく進んでいないという負い目のあるリーダーは、そのミスを帳消しにしようとして、上司に相談せず、さらに1人で頑張ってしまい、ミスを繰り返しやすい。

事例　大イベントの準備

部長：10月11日のイベントの準備は進んでいるか？

課長：頑張っています。しかし、予定の工程に対し、大幅に進捗が遅れています。

部長：なぜ、それを2カ月前になって、しかも私が質問してから答えるのか。どう対処するつもりか。

課長：頑張ります。私が先頭に立って動きます。

部長：報告を聞く限り、今の20人体制では間に合わない。全庁体制でラストスパートしなければ間に合わない。50人体制とし、現場の準備を進めるべき。指揮官が自ら動いてはいけない。あなたの仕事はチームを指揮すること。戦況を見て人が足りなければ、増やすよう進言すること。（部長の自省：自分も甘かった。任せっきりで戦況の把握ができていなかった）

㉟「手戻り」で部下に余計な仕事をさせていませんか？

　ある問題への反応について、極端な反応をする実務家公務員は少ない。組織文化も一般に穏やかである。

　一方、利害関係者との調整においては、極端な反応への対応が重要となってくる。しかし、組織文化上、極端の考え方の存在への想像力が弱いため、次のような事例がよく起きる。

- ・仕事の工程（実行計画）を設計する。そのときに利害関係者の反応を考える。こういう情報出すと、○○という反応が予想されるので、それを踏まえて△△という情報を出して…。
- ・相手から想像もしなかった反応が返ってくる。それに対する分析なし、反省なしの、次の思いつきの対応で、また失敗…。
- ・結局、マイナス（利害関係者の行政への不信感）からの再スタートとなる。

　人の反応の根源を考え、多様な意見、ものの考え方の存在を考慮し、自分の行動・発言への人の反応を想像し、実行計画を設計することが重要である。それによって、無駄な摩擦による手戻り・追加対策はかなり回避できる。これが、最も効果のある業務の効率化・生産性の向上の方策の１つといえる。(注1)

　また、部下に任せっきりで、部下の失敗により手戻りが生じることも避けなければならない。この手戻りは部下が悪いのではなく、危機管理ができていない自分が悪いと思うべきだ。部下に一見任せてはいるが、注意深く見守り、完全には任せない、という姿勢、すなわち「任せて任せず」が重要である。(注2)

（注1）もう１つの効果のある方法が㉝の column で述べた「ムダ詰めの回避」である。

（注2）筆者は、「任せ過ぎ」で致命的な失敗をしたことがある。経験から得た教訓である。「任せて任せず」は松下幸之助氏の格言といわれている。

第5章　能力を磨く　　169

| 事例 | 自分が正しいと思い自分の論理で主張すると |

上司：○○さんがたいへん怒っているそうだけど何があったのかな？
　　　どういう話をしたのか教えてほしい。

部下：△△の件で、まず○○という話をしました。

上司：相手はこう言わなかったか？

部下：はい、その通りです。それで○○と説明しました。

上司：相手はこう反応しなかったか？

部下：はい、その通りです。それで○○と説明しました。

上司：そこで、相手は激怒しなかったか？

部下：割れんばかりに机を叩いて怒りました。

上司：（心の中で：この部下は、相手がなぜ激怒したのか、今でも分か
　　　らないのか。彼は想像力が欠如しているので、根底から直してい
　　　かなければならないな…）

㊱紙に書かないで、頭の中でぐるぐる考えていませんか？

　よいアイデアがすとんと落ちてくる人もいる。しかし、凡人はそうは
いかない。考え方やアイデアをまず紙に書いてみることが重要である。
　書いてみると、

ⅰ）新しいアイデアが次々に下りてくる

　複雑な問題の解決法をすぐに出せる人は少ない。粗くてもよいので、
いったん考えを紙に書いてみる。字にするうちに、あるいは寝かせてい
る間に、次々に新しいアイデアが下りてきて、どんどんよいものにな
る。

ⅱ）論理の破綻、飛躍が分かる

　言葉では話術や雰囲気で何となく説明できたつもりになっても、その
発言を紙に書いてみると論理の破綻はすぐ分かる。論理の確認と共有の
ためにも紙に書くことは有効である。

ただし、これは、メモを取ることとは別である。相手の言ったことを
必死でメモをしている実務家公務員をよく見掛ける。備忘録にはなる
が、メモに気を取られ、思考が停止していないだろうか。何でも紙に書
けばよいというものではない。

column
本書における「まず紙に書いてみる」

　本書を書き始めて、一体何回推敲したことだろうか。

　最初は、50程度の項目を技術力としてまとめた。しかし、その後、
「これも加えたい」「あんな事例があった」と次々に項目が増えてくる。
最終的には69項目でまとめたが、落としたものも多い。

　そして、書いてみると、「自分の論理のあいまいさ」がよく見える。
そして、推敲する。結局、日々、推敲することになるが、切りがないの
で、一度本書の内容で取りまとめることとした。

参考　渡部昇一氏の「知的執筆術」

　渡部昇一氏の思索を集大成した追悼本「知的人生のための考え方」
（PHP新書）の中の「知的執筆術」の一部を引用しておきたい。

　「論文や随筆を書いたりといった能動的な知的生活を送る時のコツと
は何でしょうか。（中略）物を書く時の究極のコツは、ともかくも書き
始めるということです。私は、卒論や修論の指導にあたって、学生に、
『構想が構想であるうちは論文でも何でもなく、一応の構想やら書いて
みたいことが浮かんだら書き始めてみなさい。書き出す前の構想など
は、実際は一枚目を書いたとたんに飛び散ってしまうこともよくあるこ
とで、そういうことにめげずに、疑問が生じたらチェックし、最初正し
いと思ったことが間違いだったら書き直すといったふうにして、毎日、
毎時間か機械的に取り組むようにしなさい』と言っています。」

第5章　能力を磨く　　171

㊲「私の方が正論論争」に陥っていませんか？

　私たちは非常に複雑な世界に生きている。それなのに、私たちはしばしば確定的に未来が予測ができるかのごとく扱い、不確実性のある未来に関することで「私の方が正論論争」に陥ってしまう。

　例えば、社会資本整備（公共投資）として道路や港湾を建設することは未来への投資だが、未来は完全には見通せない。「不確実性」「リスク」がある。今は、どういう投資内容にすべきかという選択肢の中のどれが正解か、つまり、何が「100％正しい（正論）」ということはいえない。

　「どういう投資を行うべきか」の検討は、不確実性を前提に、優劣比較により、「より優れた案」と考えられるものを選択することである。

　選択に当たっては、B/C分析などにより、経済効果などの社会的便益 (注1) を予測する。それは重要な参考資料となるが、確定的なものではない。さらに、人によって価値観やものの見方が違うので、事業の効果に対する「価値評価」が異なってくる。(注2) 人によって「意見の相違」が生じるのが必然だ。それにもかかわらず、自分が正しいと考え、それにとらわれてしまう。本質的に正解がない問題について、どちらが正論、正解かを争う「私の方が正論論争」をいつまでも続けていても、明るい未来は来ない。

　残念ながら、しばしば次のような避けるべきこと、あるいは事例1、2のようなことが生じる。

（避けるべきこと）

・事業に「賛成する人」対「反対する人」という対立の構図の強調
・「あの人たちは（いつもそういう考え方をして）間違っている」と決めつける（レッテル貼り）
・本質的に、どちらが正解か決められる問題ではないのに、「私の方が正論」と正解を求め、いつまでも議論を続ける。この私の方が正論論争に陥ると、賛成派、反対派に分かれて、双方、歩み寄ることなく、

172

いつまでも論争を続けることになる
・結果として、双方が対立し、地域社会に分断が生まれる

　議論の仕方を次のようなあるべき姿に変えていく必要がある。これは、㊷で述べるリスクコミュニケーションの1つの形態である。
（あるべき姿）
・共通認識を確認する
・人それぞれの「考え方」の違いにより、人それぞれ「よいと思う案」も異なることを理解する
・価値観の違いによってどちらの考え方も存在しうるという、「異なる考え方の存在」を認める
・どちらの考え方、方法が「よりよい」か議論する。この際には、特に事業者側は情報を積極的に開示し、信頼による歩み寄りを促進する
・その議論の過程で、思いがけないよい案が見つかることもある
・最後はどちらの方法を取る方が「よりよさそう」かを民主的な方法で選択する
・決めたら、あるいは決まったら、ノーサイドで、協働・共創する

（注1）社会的便益：あることによって生じる効果（例えば所用時間の短縮効果）について、それが社会としてどういう価値があるとするのかという"価値評価"を加えたものが社会的便益となる（例えば、急ぐ必要はないという価値観の人にとっては、時間短縮効果を低く評価することになる。そのような様々な価値評価を総合した価値評価基準をつくり、社会的便益を算定する）。B/C分析の詳細については㉗の「参考」を参照。
（注2）価値評価：あることについて、その人の価値観に照らしてどのくらい価値があるかを評価すること

事例1

意見の相異の根底①：A市の駅付近の鉄道高架事業を活用した新たなまちづくり……投資姿勢として「攻め」がよいと思うか、「守り」がよいと思うか

　A市では、A駅周辺で市を南北に分断している鉄道を高架橋に上げ、南北の車と人の平面通行を可能とするとともに、駅周辺を再開発し、新しいまちづくりを進めるとする「まちづくり事業」について賛否が分かれている。

賛成派…（攻め）鉄道高架事業を核にして、まちづくりに積極的に投資
　　　　し、住みやすく活力ある地域社会を築いていこう

反対派…（守り）鉄道高架事業のような公共投資は減らし、福祉を充実
　　　　させ、今あるものを大切にして地域社会を維持していこう

　このような選択は、まちづくりに限らず、企業や個人の投資でもよく求められる。将来は完全には見通せず、不確実性や潜在的な危険が付きまとう。個人投資において、攻めか守りかは各人の考え方次第で、どちらかが正解ということはないのと同じだろう。

　鉄道高架事業に賛成、反対という意見の相違の根底は、次のようになる。「（積極投資しなければ経済はますます縮小するので）積極投資によって経済を回し、社会を保全していくべき」対「投資はほどほどにして今ある経済規模（それが将来も続くと信じて）の中で社会を保全すべき」である。

　双方が、自分が正論ということを示すために、財政の将来予測の適否、B/Cの算定方法の適否などの表面に現れている問題（事実判断）で意見を戦わせている。しかし、本質的には、積極投資か、慎重投資かという価値観、価値評価の違いである。その違いがある以上、どんなに時間をかけてどっちが正しいかと事実判断について議論しても、両者が折り合うことはまずない。

事例2 意見の相違の根底②：何が守るべき本質的な価値なのか

　世界遺産の構成資産の1つである「三保松原」のシンボルである"羽衣の松"の樹勢が弱った。原因は、多くの人が松の周辺を歩くことによる踏圧で地盤が固くなり、地中の水や空気の流れが悪くなり、根の生育が阻害されていることにある。そこで、静岡市は、そこに木製のボードウォークを設置し、根の保護と観光客の利便の両立を図ろうとした。

　意見1：世界遺産「三保松原」の本質的価値は"風景"。観光による
　　　　　経済活性化はその結果生じる価値
　　　　　ボードウォークの設置は、富士山・海・砂浜・松原という自
　　　　　然景観の中に、景観を阻害する大きな人工物を持ち込むこと
　　　　　になる。これは、三保松原の本質的価値を損なうことにな
　　　　　る。(注)

　意見2：本質的価値は"風景と経済活性化"の両方
　　　　　原風景に人為的な改変が入って別の風景となっても、この程
　　　　　度の改変では世界遺産としての本質的価値は変わらない。観
　　　　　光の利便性の向上による来訪客の増加、経済活性化も地域に
　　　　　とっては本質的価値である。両立が大事である。

(注) この本質的価値については、「三保の松原・美の世界」(執筆：遠藤まゆみ、発行：NPO法人三保の松原・羽衣村) を読み、また絵や写真を見れば、何が本質的価値か、何を守るべきかを理解できる。
　意見2の主張をする人も、三保松原の価値を語るのであれば、必読といえる。

第5章　能力を磨く　175

(5) 判断力・決断力

　仕事は、判断、決断、決定の連続といえる。上級管理者になればなるほど、この決定の影響が大きくなる。判断力、決断力こそ、上級管理者に求められる重要な「能力」である。

> ㊳先を考えすぎて、その場にとどまっていませんか？先を考えずに、飛び出していませんか？

　一歩踏み出してみると、危ういと思ったことが意外に危うくなく、杞憂だったということもある。このように一歩踏み出すと色々な反応が見えてくるし、見える世界が変わり、次の展望が開けてくる。

　決断力のない人、決められない人にはいろいろなタイプがあるが、上司がこのタイプで、決定権を持っている場合、上司預かりとなり、事が進まない。いつまでたっても預かったまま。そうこうするうちに、事態は動き、手遅れ、先を越された、となる。

　頭がよい人ほど、先の展開を論理でかつ計算可能な領域内で読みがちである。経験の豊富な人は、自分の経験、特に苦い経験をもとに先を読む。すると、リスクや乗り越えなければいけない障害はすぐ見えてくるが、その解決策、突破策についてはそうはいかない。そして「君には見えないかもしれないが、私の経験上、このやり方は危うい。難しい。やめておこう」となる。一方で、KKOだけの判断で「大丈夫。やろう。頑張ろう」の「戦略なし、戦術は精神論」は危険である。

　意思決定する期限を決め、期限いっぱいまでは論理的に徹底的に詰める。その上で、「やってみなはれ」「みんなでやってみるか」で一歩踏み出すことが重要である。ただし、先を考えずに、飛び出しては危ない。「現状改善型・部分最適」の足元を見ての一歩と、「目標設定型・全体最適型」の視線を上げた一歩では、仮に内容が同じであっても、両者の意味はまったく異なる。一定の大局観を持ちつつ思い切って踏み出すことが大事といえよう。

| 参考 | 中央政府の未来投資戦略2017（2017年6月）における「まずやってみる」 |

同戦略の中（p5）の次の記述は参考になる。

「…『まずはやってみる』という『実証による政策形成』に舵を切る。

Society5.0に向けたイノベーションは、世界中で予測困難なスピードと経路で進化する中、社会を巻き込んで試行錯誤をしながら、失敗しても再び挑戦できるプロセスが有効となる。完全なデータと証明がないと導入できない従来の硬直的一律の制度設計では世界に後れを取ってしまい、日本は先行企業の下請化するかガラパゴス化するしかなくなってしまう」

| 参考 | ファーストペンギン |

「ファーストペンギン」とは、集団で行動するペンギンの群れの中から、天敵がいるかもしれない海へ、魚を求めて最初に飛び込む1羽のペンギンのこと。転じて、このペンギンのように、リスクを恐れずに初めてのことに挑戦するベンチャー精神の持ち主を、米国では敬意を込めて「ファーストペンギン」と呼ぶ。

第5章　能力を磨く　177

㊴自分が決断した戦略や戦術に拘泥していませんか？空気に流されていませんか？

　日本人の最大の弱点は「空気に流されやすい」ことだといわれる。
　限られた人（派閥・人脈）により重要事項が決定され、「上（あの人）が決めたことだから、仕方ない」と流され、あるいは多くの人が危ういと思いながら「撤退しましょう」と言い出せない。そして破綻。「あのとき勇気をもって進言しておけば」と唇をかむ。企業でも行政機関でも、何度繰り返されてきたことだろうか。
　行政機関の方針決定において、住民、利害関係者の反応や社会環境の変化は読み切れない。それでも決断せざるを得ないときがある。あらかじめ柔軟な戦術とし、一歩踏み出す。常に状況の変化をつかみ、あるいは想像し、変化に応じて戦術を変える。戦術が通用しないときは、見切って撤退も考える。上司は自分が決断した戦術に拘泥しやすい。部下や周りは、勇気を持って撤退を進言する必要がある。
　状態の変化に応じて次々に戦術を変え（朝令暮改）、時に豹変することは決して悪いことではない。
　朝令暮改も、KKOの変更はだめだが、（状況の変化を踏まえて）なぜ変えるべきかを示した上での変更は大事な判断力・決断力である。ただし、戦術を変える際にも、社会的「正しさ」は決して忘れてはいけない。「うそ」「隠す」ことは「正しさ」がない典型である。

| **事例** | リーダーと現場担当者 |

リーダー：社会の反応は読み切れないリスクはあるが、この方針でやってみよう。

現場担当者：（その方針でいろいろ戦術を練り、資料を作って現場説明したところ）複数の利害関係者から予期せぬ強烈な反対を受けました。

リーダー：反対の真意が読めないな。ちょっと違う手を打ってみるか。

現場担当者：反対者の反応はこうでした。

リーダー：そういうことか。そんなことを考えているとは想定できなかった。申し訳ない。相手の真意は分かった。相手の真意が分かったことは成果だ。方針をがらっと変えよう。

現場担当者：よくそんなに冷静にがらっと方針を変えられますね。どう考えても私たちの方が正しいと思います。現場はやってられません。

リーダー：その通り。申し訳ない。確かに相手の言っていることに理がない。私たちのやろうとしていることは正しい。それでも彼らの理解が得られなければ目標は実現できない。方針を変えるといっても、最後に目指すもの、目標は変えない。

現場担当者：分かりました。現場も実現してなんぼですから。

(参考) 孫子の兵法：「戦いは奇を持って勝つ」（これは奇策ばかり出すというものではない。正攻法ではじめ、以降情勢の変化に応じて無数の変化した策、奇策をもって戦い、勝ちを収めるというもの）

第5章　能力を磨く　　179

(6) 伝える力

> ㊵「伝える」ではなく、「伝わる」よう努力していますか？

そんなことは当然と思う人が多いだろうが、意外とこれができない。

政策をつくる努力は大いにするが、伝える努力が小さい。伝える努力はするが、伝わる努力になっていない。

> ⅰ）一般の人へ伝える

㊶で、組織の方針決定は文章でしっかり書き、内部の関係者で共有することの重要性を述べるが、内部の関係者は、共通の暗黙知を持っているため、難しい単語や論理の飛躍があっても、共有化された文書の内容を理解できる。

行政組織においては、その感覚のまま、外部の公表資料を作ることが多い。しかし、外部へのプレゼンテーションは、どうすれば「なるほど」と思ってもらえるかという、ある種の印象形成である（ただし、ためにする不誠実な印象操作ではない）。作家の佐藤優氏が指摘するように（「週刊東洋経済2017年9月9日号」佐藤優　東洋経済新報社）、"表現法の基本は美文や印象に残る文章ではなく、異なる立場、文化的背景のある読者が納得する文章を書くこと"を肝に銘じておきたい。

その資料は、誰が読むのか、聴くのかを考えた上で、その人に、単に事実を伝えるものではなく、映像のごとくストーリーが頭に入っていくように、説明方法の再構成（㉚参照）が重要である。

また、文書は「読む」だけでなく、「見る」ものでもあることを認識しておくべきである。忙しい人の中には、文書、文章を一字一字読むのではなく、1ページを一目「見る」ことで瞬時に内容を把握することができる人が多い。従って、「読んでもらう」のではなく「見てもらう」ことができるよう、論理が流れるように整理されていることが必要である。パワーポイントの資料は見る資料として有効である。ただし、印象

形成重視のため深い思考に至らない場合が多いことに注意したい。

　安全安心に関する情報公開については注意が求められる。災害などのリスクへの対応は、「正しく恐れてもらい、冷静に危険を回避してもらう」ことが重要である。人は感情的になると、誤解し、思いもよらぬ行動に出やすくなる。このため、“どういう伝え方をすれば正しく恐れてもらえるか”、情報の受け手の反応を十分に想像しなければならない。

ⅱ）メディアへ伝える―深い報道をしてもらえないと不満を言っていませんか？

　プレス発表をしたのに、自分の意図が反映されず、書いてほしい内容をメディアが報道してくれない、と不満を持つことも少なくない。しかし、これはメディア側ではなく、プレス発表側に問題があることが多い。

　記者は報道することが仕事である。日々取材に忙しい。そうした中で記事に取り上げてもらうためには、相手側に立った発表が必要である。

　プレス発表資料においては、事実関係部分（例えば、いつ、どこで、誰が、何のために何をした）は、そのまま記事の見出しになるよう書いておくべきである。そうすれば記者は、すぐに見出しの数十行が書ける。

　事実関係部分の後に、これも短く、この事実の意義・狙いについてもう少し詳しく書いておく。発表内容の本質的価値に気付いてもらい、より深い部分について取材を進めてもらうには、発表する側の工夫も大切だろう。

> **column**
> ## 広報室からの呼び出し

　30代前半の頃、旧運輸省で国際関係の業務に携わっていた。あるプロジェクトに関するプレス発表資料として、冒頭からプロジェクトの意義について長々書いたものを提出した。担当として、一生懸命携わった取り組みの意義を強調したかったからである。

　これに対し、広報室から呼び出しがあった。「記者さんが大変怒っている。直接謝れ」という。そこで記者に会った。普段、取材に来てくれる記者さんとはまったく別のタイプ。取材などせず広報資料をそのまま記事にしているのだろう。案の定、この記者は、「こんなプレス資料ではそのまま記事にならない」と怒る。何を言っているのかと、一瞬思ったが、そこで目が覚めた。どんなに意義が高くでもこの記者が記事にしてくれなければ報道されない。報道されなければ社会からは理解されにくい。以後、記事にしやすいプレス発表資料とするよう心掛けた。その効果かどうか分からないが、直後に、国際関係の小さな取り組みが、日経新聞の一面トップに掲載された時の喜びはひとしおであった。

　㊶　思いを聴き、思いを伝えていますか？

　論語にある「子曰く、民は之に由らしむべし。之を知らしむべからず」はしばしば誤解されている言葉であろう。

　政治や行政は「民に知らせる必要はない」ことを是としていると解釈されてしまうことが多いが、本来、「民は徳によって信頼させることはできるが、すべての民に真実を知らせることは非常に難しい。だからまず、徳によって信頼を得なさい」という意である。(注)

　実務家公務員の発する言葉は時にマスコミや市民から反発を招く。これは、事実を伝えることに終始し、思いが伝わらないからだろう。

男性脳と女性脳があり、男性脳は共感力が弱いといわれる。公務員脳も同様に共感力が弱い傾向にある。**「広報広聴」というが、単に聴くだけではなく、共感力を持って聴く、そして共感が得られるよう広報することが重要である。**

　例えば、自分とは全く違う価値観の人の話を聴くとき、「全く理解できない、同調できない」と思うのではなく、「（とても同調はできないが）そういう価値観が存在するのか」と考えてみたらどうか。その価値観の存在を認識しておけば、自分の広報がどういうふうに受け止められるかが想像できるはずだ。

　民主主義の危機に対し、京都大学大学院准教授の柴山桂太氏は既成政党が人々の声に耳を傾ける姿勢の大切さを説いている。民主主義は国民の意思が政治に反映される政治体制で、多様な意見や利害の対立を調整するのが政治の役割であり、選挙によって選ばれた政治家や政党が代表者としてそれを担う。しかし、国民の意見や利害は多様で、人々の声の全てを政策に反映できない。"政治家や既成の政党は自分の声を反映してくれない"と感じる層が増えてくると、ポピュリズムが成長する。これを防ぐには、既成政党が自らの態度を改めて、そうした人々の声に耳を傾ける真摯な姿勢が大切である、としている。

　この「人々の声に耳を傾ける真摯な姿勢」は、実務家公務員にも求められる。人々の声から思いを聴き、こちらの思いを伝え、「聞く耳を持たない」「何もしてくれない」と感じさせないことが行政への信頼を得るために重要である。

（注）「之に由らしむべし」の「べし」は「……せしめよ」という命令の「べし」である。「之を知らしむべからず」の「べし」は、可能・不可能の「べし」で、知らせることは出来ない、理解させることは難しいという意味である。（「論語に学ぶ」安岡正篤著 PHP 文庫 p225）

第5章　能力を磨く　　183

> ## column
> ### 羽田空港の第四滑走路増設事業における漁業者からの信頼
>
> 　巻末に、参考として、同事業の例を示した。この事業では、漁業者の思いを聴き、共感し、それに対する自分の思いと行動方針を伝えるところから始めた。少々、技術的に複雑なものが含まれており読みづらいが、その部分はとばし、この「思い」の部分を感じていただければ幸いである。

参考　静岡どぼくらぶ

　どぼくの『クラブ（仲間）』が想いを熱く伝えることにより、どぼく『ラブ（LOVE）』になる。

【背景】

　建設産業は、地域社会において、明るい未来を創る重要な役割を担っているが、2015年度の国勢調査では、静岡県の建設産業就労者の46.4％は50歳以上であるのに対し、30歳未満の若年就労者は9.8％と、将来を支える担い手不足が喫緊の課題となっている。

　土木の業界に若者を呼び込むには、県庁のような行政機関だけが声をあげても効果は限定的である。関連するすべての組織、人々、県民が一緒になって土木の重要性、仕事としての魅力を再認識し、発信することが重要だ。

　こうした認識の下、静岡県交通基盤部の若手職員が中心となって「静岡どぼくらぶ」を立ち上げた。キャンペーンのような一過性のものではなく、多様な主体が取り組みに参加することのできる"プラットフォーム"を目指している。

【取り組み内容と実績】

　官主導ではなく、業界、個人が容易に参加できる仕組みを構築し、民

間が取り組みを継続・発展できるプラットフォームとした。その結果、その趣旨に賛同する民間や個の力を引き出し、拡がりが生まれている。
- 「静岡どぼくらぶ」の立ち上げ、ロゴマーク・動画4本・イメージソングの公開
- 建設コンサルタントの昭和設計㈱による「CM放映」、損保ジャパン日本興亜㈱の「パンフレットでのロゴマーク活用」、JOYSOUNDの「カラオケでの"どぼくらぶソング"全国配信」、下田市観光協会との協力による「どぼくらぶRAPSの制作」など

【取り組みに対する反応】
　取り組みにより、「静岡どぼくらぶ」の認知度と共鳴共感の輪が大きく拡がり、建設業界の意識改革が進むとともに、イメージ改善、土木のやりがいが県民へ伝わってきている。幸い次のような反応をいただいている。
建設業界：「土木の仕事に誇りとやりがいを感じた」「自分たちの仕事はカッコいい。すごい仕事をしているということを認識した」「土木の大切さをもっと社会に伝えていかなければ」
一般の方：「ロゴや歌に親しみを感じる」「土木の魅力が伝わる」「土木の重要性を感じた」
　「土木の現場の迫力がすごい」
　「日々ありがとう」
評価：全国広報コンクール　総務大臣賞（特選）受賞　など

【今後の展開】
　"静岡どぼくらぶ"というプラットフォームへの参加者が増え、より多くの方々に賛同・参加いただけるように取り組んでいきたい。

㊷対話ではなく、説得、交渉しようとしていませんか？

　よく、"住民交渉"という言葉が使われるが、"交渉"ではなく"対話"と考えるべきだろう。図は、環境影響（リスク）に関する事業者と住民の間の認識の差が、対話によってどう小さくなっていくかというリスクコミュニケーション(注)の構造を示したものである。このリスクを、メリット・デメリット（利害）に置き換えても流れは同じだ。

　図の縦軸は事業者や住民が認識する（感じる）リスクレベル、横軸は時間である。図の詳細な説明については、簡単なものにとどめるが、反対住民と事業者間ではリスクについての認識（何がリスクで、それがどの程度大きいと思うか）に乖離が必ずある。情報公開が不足すると、行政に対する不信感が大きくなり、住民は真のリスク以上にリスクを大きく感じ（認知し）やすくなる。同時に、この程度のリスクなら受け入れてもよい、と思う「受忍リスクレベル」もより厳しいもの（より低いリスクレベルを求める）になる。

　事業者による誠意ある、分かりやすい情報公開は、事業者の義務である。またリスクコミュニケーションは、事業者と住民の間の信頼関係を高め、リスクの認知レベルの乖離を小さくし、問題解決に至るための重要な手段である。

　（注）リスクコミュニケーション：あるリスクについて関係者間で情報を共有し、対話や意見交換を行うことを通じて意思の疎通を図ること。合意形成に至る手段の1つ。

| 参考 | リスクコミュニケーションの構造 |

　住環境や自然環境に影響を与える恐れ（リスク）がある施設整備事業において、反対住民と事業者間では、認識が異なる2つのリスクレベルが存在する。

　1つは、リスクの見積もるレベル（認知レベル）の違いである（図の実線──の曲線又は破線‐‐の曲線）。反対住民は受動リスク（望んでいないのに持ち込まれたリスク）のため、リスクを大きく見積もりがち（感じがち）となる。一方、事業者は、能動リスク（自らの行為により発生するリスク）のため、無意識にリスクを小さく見積もりがちとなる。

　もう1つは、リスクの受忍レベルの違いである。反対住民は受動リスク（他者から強いられるリスク）のため受忍・容忍（我慢できる）レベルは低いが（図の──線）、一方、事業者は「このくらいは受け入れてほしい」と受忍レベルを大きく設定しがちとなる（図の‐‐線）。例としては、飛行機に乗ったときに浴びる放射線への受忍である。高い所を飛ぶため、普段より強い自然放射線を浴びる。これは自ら飛行機に乗ることを選択したことによって生じるリスク（能動リスク）のため、ある程度リスクがあっても許容できる。一方、自分が選択するのではなく、相手の行為によって受ける迷惑なリスク（受動リスク）であれば、許容できるレベルは小さい値（究極はゼロリスク）となるだろう。(注1)

　この受忍レベルについては、住民（受動リスク者）は最後まで低いレベル（ここまで低くないと受忍できない）を求め、一方、事業者は住民より高いレベルを求める（このくらいなら我慢してくださいよ）。

　さて、リスクレベルの見積もり・予測には不確実性が伴う。真のリスクレベルは、神のみぞ知る、である。話し合いの初期段階では、事業者は、自ら多数の情報に基づきリスクレベルを予測するため、比較的真のリスクレベルに近い。ただし、事業者は、能動リスクであることや見落としによって、真のリスクレベルよりリスクを小さく見積もりやすい。

　一方、地域住民は、リスクレベルの見積もりのための情報が不足していることと、迷惑な受動リスクであるため、リスクレベルを大きく見込

第5章　能力を磨く　　187

みがちとなる。このため、対話の当初は、事業者と住民のリスクの見積もり（認知レベル）には大きな乖離がある。その後、話し合いを重ねると、情報不足や思い違いが是正され、事業者と住民の認知レベルの差は少しずつ小さくなっていく。

　大事なことは、両者の信頼関係である。住民が事業者を信頼していない場合は、たとえ事業者が客観性と確度の高い情報を出しても、信用できず、事業者と住民のリスクの認知レベルの差は埋まらない。そして、最後まで認知レベルの小さな偏差が残り、最悪は、「私の方が正論論争」(注2) となり、いつまでも論争が続くか、事業者が一方的に打ち切るかになる。これは避けなければならない。

　逆に、信頼があれば偏差はしだいに小さくなり、最後はその差を代替措置や互譲などでどう埋めるかにつながっていく。

　（注１）能動リスクと受動リスクの例
　・被曝する放射線量が増えることが分かっていて、飛行機を選択し乗る場合、乗客はそれを受忍する（能動リスクの受忍）。
　・原発の立地など自分が選択しないのに放射線量を増やされる場合、人はそれを受忍しない（受動リスクの非受忍）。
　（注２）「私の方が正論論争」は㊲参照。

環境影響に関する対話（リスクコミュニケーション）

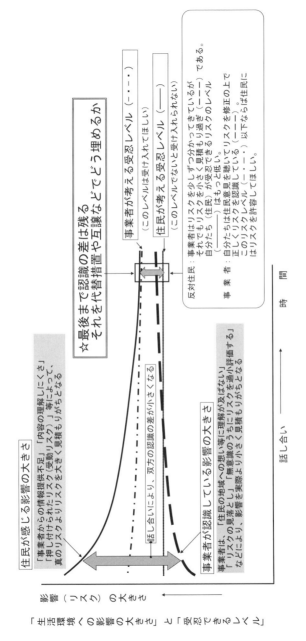

- 反対住民と事業者間で認識が異なる2つのリスクレベル
  ① リスクの認知（受けとめ方）レベルの違い
  ⇒反対住民はリスクを大きく見積もりがち
  ⇒事業者はリスクを小さく見積もりがち

  ② リスクの受忍レベルの違い
  ⇒反対住民は受動リスクのため受忍（我慢できる）レベルは低い
  ⇒事業者は「このくらいは受け入れてほしい」と受忍レベルを大きく思いがち

第5章　能力を磨く　189

| 参考 | 伊豆半島の津波対策におけるリスクコミュニケーション |

　土木学会誌（Vol.103 No.6　June 2018）の「論説・オピニオン」に、伊豆半島におけるリスクコミュニケーションの事例を紹介した。その一部を転載する。

「地方自治体の土木系職員の技術力—合意形成力」
（中略）
　津波対策における優れた対話の事例を紹介したい。

　静岡県では「県と市町が連携した地域住民との丁寧な対話により地域の特性にあったきめ細かな津波対策を行う」という「静岡方式」を進めている。どこでもやっていることと思われるかもしれないが、その徹底ぶりと結果には驚くのではないだろうか。例えば、伊豆半島では津々浦々で地域事情が異なるので、沿岸を50地区に分け、地区毎に住民参加型協議会を開催している。平成30年3月現在、約3年間で延べ200回以上の会合を開催し、50の内、18地区で津波対策の方針が決定したが、内16地区で「防潮堤を建設せず避難対策で対応する」こととなった。

　会合には地域住民、観光事業者や漁業者等もメンバーとして参加。ここで単に防潮堤をつくるか否かの議論を行うと「私の方が正論論争」に陥る。そうではなく、将来にわたって地域に残したい大事な“もの”は何かを議論した。議論が進むにつれ、安全安心は大事だが、やはり海、海辺とのつながりは残したいとの共通認識が生まれた。担当職員も、避難対策の有効性や防潮堤の高さの可視化など、住民の疑問に丁寧に答えた。ある地区では、当初は高台への集団移転を検討したが、合意に至らず断念した。しかし、海から遠くなる高台へ移転してでもこの地に住み続けたいと希望する住民も少なくないことから、県は、農地の改良事業を活用した一部移転を提案した。県の担当者は、農家や住民の意向、意見を十分に聞きながら、換地手法や負担額等について丁寧に説明し、110回にも及ぶ対話により合意に至った。これらの事例では、自治体職員が、命を守るという使命を認識しつつ住民の希望をかなえたいという

思い（考え方）のもと、解決方法を生み出す高い「意欲」「能力」を持っていた。

　手元に「道路建設とステークホルダー　合意形成の記録」（林良嗣／桑原淳著、明石書店）という書がある。「16年にも及んで多ステークホルダーの意見を聴き続ける場を設けた道路づくり」の事例と記されている。合意形成の技術力は、Civil Engineering の重要なテーマであるが、大学教育等で取りあげられることは多くない。職場に入ってからではなく、教育の場で、この本のような具体的事例をもとに合意形成やリスクコミュニケーションのあり方を学ぶことは、単に「能力」を学ぶだけではなく、技術力として重要な「考え方」を学ぶ貴重な機会となろう。Civil Engineering とは何か、Civil Engineer の育て方を考えることにもつながるのではないだろうか。

(7) 共創力・協働力・実行力

> ㊸「人の心が動くと大きな投資効果が生まれる」ことを意識していますか？

　これからは、自ら"目指す社会の姿や望ましい姿（新たな価値）"を設計し、それを、地域ぐるみ、社会総がかりで実現していく「新たな価値の創造・共創の時代」である。そこでは、実務家公務員もこれまでとは異なる「価値の共創の技術力」が求められる。

　一般に、行政機関は、自らの予算と実行組織の下、法律や制度を創り、自分たちだけで問題解決を進めがちである。自分の計算可能領域で仕事を進めることは楽ではあっても、複雑な問題に対しては、効果は限定的である。

　価値観や考え方の異なる人々の共鳴共感を得て、地域ぐるみ、社会総がかりで新たな価値を共に創り上げていくことが求められる。これには労力と時間がかかる。しかし、うまくいったときの効果は極めて大きい。㉔で述べたような地域ぐるみ、社会総がかりを可能とする仕組み、**すなわち社会システムやプラットフォームがあればなおさらである。**

　さて、優れた経営者は「心」「気」の大切さを知っている。社員は心で動き、消費者は心が動くものを買うのである。経営者はどうすれば「人の心を動かす」ことができるか、あるいは「人の心が動くか」を常に考えている。

　実務家公務員や事業の投資効果を論じる専門家も、人の心が動くと大きな効果が生まれることを意識しておくことが必要だ。図は、まちづくりのハード（施設）整備を核にしてどのように投資効果が拡がるかを示している。ハード整備を通じて、投資家の心が動く（このまちには明るい未来がある。投資してみよう）。そしてまち全体の人の心が動く（自分も参加して地域の明るい未来をつくろう）。まちづくりにおいては、**公共投資の直接効果よりも、むしろ、公共投資を通じて、人の心が動き、関連した民間投資が入り、地域ぐるみ、社会総がかりでまちづくり**

が進められる効果の方が大きいことを認識しておきたい。

**ハード整備は機会。人の心が動き、
投資や人の行動が生まれ、より大きな投資効果が生まれる**

変化の内容　　　（まちづくりの例）　　　投資効果

まち全体の人の心が動く
（自分も参加して地域をよくしよう）

投資関係者の心が動く
（関連した投資が動く。まちづくりが進む）

ハード（施設）
整備

人の心が動いたことによるまち全体の大きな変化と
それによる効果（まち全体で発生）

波及効果2

関連した投資やまちづくりによる効果

波及効果1

防災性向上
利便性向上

直接効果

×：対立で溝を残すと、
波及効果が小さい

直接効果はハード周辺に発生
波及効果はまち全体に発生
（影響は極めて大きい）

基調：このまちに住む人々の明るい未来を築きたいという人の心

人の心が動くハード整備内容とすることが重要

参考　偉人賢人の言葉

「悲観は気分に属し、楽観は意志に属する」

（フランスの哲学者　アラン）

「未来を予測する最良の方法は、それを発明することである」

（アラン・ケイ　パソコンの生みの親）

「幸せになる唯一の方法は他者への貢献」

（心理学者　アドラー）

（過去に関係なく又は縛られることなく、将来は自分で選ぶことができる）

㊹地域づくりの小さな成功体験が生まれていますか？

全体としては方向性を共有しつつ、それぞれが自分のできることで一歩踏み出し、小さくてもよいので、成功体験をすることが重要である。それを他の人が見て勇気づけられ、あるいは楽しそうだと思い、“自分もやってみよう”と思い行動する人が増える。それが集まると大きな動きとなる。

行政組織の重要な役割は、「全体としての方向性の共有」と「小さな成功体験が生まれる仕組みづくり」である。その仕組みにおいては、“地域の人々が、そのまちに暮らしているという「帰属意識」、まちをよくすることへの「参加意識・意欲」、自分たちの「未来は自分たちで選択」し、そのための行動をすればまちは変わる／変えられるという「実感（有力感）」をもてる”ような行政の姿勢が不可欠である。

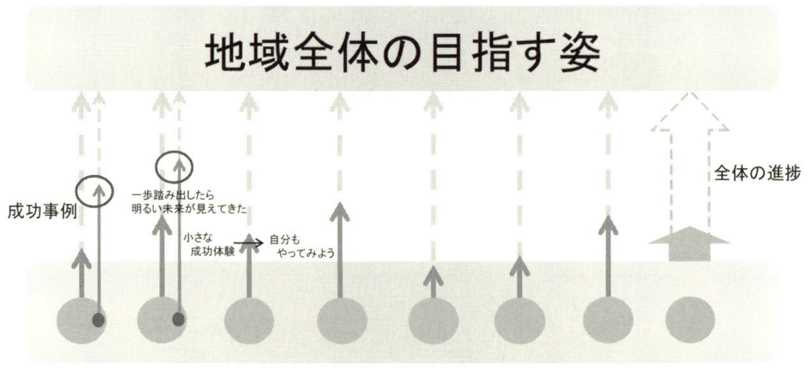

全体としては方向性を共有しつつ、それぞれが様々な動きをし、小さくても具体的成果を出し、小さな成功体験が生まれる

| 事例 | 静岡県静岡市清水区のウォーターフロントを活かしたまちづくりにおける目指す姿の実現方法 |

0. 地域経営を意識する。これまでの先人の努力に敬意を持つ

1. 清水は高い潜在力（世界から人を引きつける類いまれな"場の力"）を持っているということに自信を持つ（気）(注)

   景観 ＋ 水（美しさ　静穏さ　広さ）＋ 気候 ＋ 食 ＋ みなとまちの歴史性（文化力）＋　健康寿命世界一の地域 ＋ 交通の拠点性／クルーズ船の母港 ＋ 人 ＋ 海洋教育／海洋文化／科学技術

2. 大きな機会、チャンスがあることに"気付く"

   （道路ネットワーク、インバウンド、クルーズ需要、ヘルスケア）

3. 自分の住んでいる（帰属している）このまちは、動けば化けるとの"気を持つ"

4. 清水のまちも含め目指す全体像を描き共有する

5. 全体像の実現のための道筋を描き、地域の人の行動と経済がうまく回る社会システムをつくる

6. 全体像の実現に合致する形で、公共投資の機会などを活用しつつ、一人ひとりが、実現できるところから（小さくても）着実に取り組みを進めていく（一歩踏み出すと、見える世界が変わる）

7. （小さな）成功体験が生まれる。成功体験を見て、行動する人が増える

8. 思いがけない／思っていた通り、外からの民間投資が現れる。

   ……好循環が回る

(注)「気」として大事なことは、「人口24万人の清水のまちはこのくらいと思わない」ことである。スペインのサンセバスチャンをはじめ、人口24万人程度で、世界から憧れの場となっているところは少なくない。

(8) リーダーシップ

> ㊺自分が目指すべきリーダー像を意識していますか？

　リーダーの役割は、社会環境の変化に伴って変わる。かつては、例えば企業において、トップリーダーは「先頭に立ってみんなを引っ張るカリスマ型リーダー」「トップダウン型リーダー」が求められた。

　しかし、社会環境は次のように変化している。

・変化と取引スピードの高速化（1人では追い付けない。成功事例の後追いでは間に合わない）

・市場ニーズ、価値観の多様化（1人では見切れない）

・何がヒットするかは出してみなければ分からない（明確な方向性が見えにくい。リーダーの経験や分析からだけでは予測ができない）

・マーケットの「あったらいいな」が商品開発には重要（リーダーの発想だけでは不十分）

　このため、現代のリーダー（中間経営管理者を含む）には、カリスマ型やトップダウン型だけではなく、多様なリーダーが必要となっている。(注1)

　地方自治体のリーダーについてはどうだろうか。地方自治体は総合行政機関であり、現場の多様な問題を解決していかなければならない。企業では、世界的なプラットフォームを1つ作れば、あるいは世界市場に通用する画期的なヒット商品を作れば、巨大な利益が得られることがある。

　しかし、地方政府においては、多様で多数の社会問題を個別に解決する必要がある。地方政府のトップリーダーである首長は、カリスマ型、トップダウン型で、個々の問題について「あれをやれ、これをこうやれ」と言っていては、すべてに手が回らない。かつ、このやり方では個人からの自発的なかつ多様な「新たな価値の創造」の提案が出にくい。

　従って、**これからの地方政府のトップリーダー、とりわけ、県や政令市のような大きな組織のトップリーダーは、カリスマ型、トップダウン**

型よりもむしろ、ビジョン、目標を掲げる「ビジョナリー型リーダー」が一般には適しているのではないだろうか。**各部門には、次に示すような多様なリーダーを適材適所で配置したい。**(注2)

ⅰ）ビジョン・目標を掲げる「ビジョナリー型リーダー」

・自分および組織が何をすべきかを意識する

・目指すべき姿・目標を明確にする

・夢があり・しかし現実感もあり・やりがいがあり・人の心が動く「ビジョン」を掲げ、発信する

ⅱ）**チームが動くシステムをつくり、自らも動く「（PDCA の）マネジメント型リーダー」**

・どういう仕組みや体制をつくると、チームが動くか考える

・（精神論ではなく）戦略・戦術を考え、チームに提示する

・達成可能な簡潔で明快な具体的「行動計画」を設定する／設定させる

・行動計画の達成に向けて「業務」を部下に設定する／させる

・気持ちよく仕事でき個人が成長できる「雰囲気」と「システム」をつくる

・（言って終わりではなく）任せつつ、適時の指示・助言でチームの動きを改善する（任せて任せず）

ⅲ）**課題解決型の「プロデューサー型リーダー」**

・マネジメント型リーダーに似ているが、組織の管理型ではなく、自らミッションやビジョンを設定し、チームを編成し、課題解決方法を考え、行動するリーダーである

・境界条件を設定せず、課題を解決する戦略・戦術を考える

・広い人的ネットワークを活用し、上司を説得し、外部の人の協力を取り付け、資金を確保し、課題解決を実行可能にする

ⅳ）**決断する「ディシジョンメイク型リーダー」**

・適時に決断する

・責任を自分で取る覚悟を持つ

・緊急時に事態の深刻さを理解し、限られた情報下においても、適時に意思決定し、具体的行動を即座に実行させる

ⅴ）伝え、共鳴・共感を得て、協働・共創する「コミュニケーション型
　　リーダー」
・チーム（外部も含む）の心を動かす
・外部からの理解を得る
・多数の者の協働により結果を出す

ⅵ）社会へ新しい価値を提案し、行動する「クリエーター型（あるいは
　　イノベーター型）リーダー」
・ビジョンや目標の提示は、ビジョナリー型リーダーと似ているが、ビ
　ジョン・目標がより具体的であり、社会に新しい価値をもたらす具体
　的提案を行い、その実現のために自ら行動する

　人の能力や得意分野は異なるので、みんながビジョナリー型リーダー
を目指す必要はないし、また目指していてはその組織は成り立たない。
まず、少なくとも自分はどのリーダー像が適しているのか、あるいは目
指しているのかを自覚したい。自分の得意分野を見極めたら、それぞれ
リーダーとしての能力を磨くことが重要である。
　ただし、組織の中で仕事をする以上、自分の上位にいるリーダーの型
を考慮する必要がある。例えば、No.1にビジョナリー型リーダーがい
て、自分がNo.2のときに、自身もビジョナリー・リーダーではいけな
い。No.2の役割をしっかり果たすべきである。
　どのタイプのリーダーであれ、「逃げない」だけは共通の要件であ
る。「逃げる」は、不作為による損失をもたらす。すなわち、「考え方」
×「意欲」＝0ではなく、「考え方」がマイナスである。

　注1：このような時代だからこそ、「今こそ大胆なリーダーシップを」（柳川範之東京
　大学大学院教授）という意見もある。"オーナーとファミリーが、強いリーダーシッ
　プの下で、ある程度リスクをとって意思決定をし経営を行う"形の企業の方が、パ
　フォーマンスがよいという実証結果がある。ただし、企業経営と自治体経営は経営方
　法がやや異ろう。
　注2：行政組織の場合、これらのどれにも属さない、失敗のリスクを避け、どこでも
　やっていることをする「合意形成型リーダー」が少なくない。新たな価値の創造・共
　創の時代のチームリーダーは、ビジョン、目的（何をなすべきか）を掲げ又は明示

し、それを実現する具体策を自分の率いるチームとともに考え出し、多くの人々の共鳴共感を得て、実現に努めること（巻き込む力）が必要である。

column
No.2 という働き方

「No.2 という働き方」（細島誠彦著、日本経済新聞出版社）という本がある。

理想のNo.2とは、ときにトップと戦い、ときに人に嫌われることを厭わず、組織のために働き、人に仕えるということに徹して、企業を発展させることができる人、としている。また、絶対にイエスマン（上の人の言うことに何でも「その通りですね」と答えて、上司を気持ちよくさせる人）をNo.2においてはいけない、としている。

この本は、「なぜNo.2を目指すべきか」「どうやったら、No.2のポジションに就くにふさわしい能力がつくか」を書いたものだ。No.1を目指しなさい、起業しなさいという本は多数あるが、No.2を目指しなさいという本にこれまで出合ったことがなかった。

参考　「俺は、中小企業のおやじ」

このタイトルの書は、鈴木修・スズキ株式会社代表取締役会長兼社長（当時）が、2009年に日本経済新聞出版社から出したものである。1978年6月の社長就任を経て2000年6月から会長、2008年12月には再び社長を兼務した。徹底して現場にこだわる強いリーダーシップで、社長就任時に売り上げ3,232億円だったスズキを、30年間で3兆円企業にまで育てた。巻頭に「俺は中小企業のおやじ。やる気、そしてツキと出会い、運とともに生涯現役として走り続けるんだ」と記されている。

また、p251からは、その語録として、「できない理由を聞くヒマはない。どうすればできるかを言ってくれ」などの名言が多数記載されている。

第5章　能力を磨く　199

> ㊻成功体験、プライド・面子にとらわれて、独り善がりやKKO
> 　（勘、経験、思い付き／思い込み）になっていませんか？

　トップはそれまでの成功体験が多く、自分のやり方を持っている。しかし、そのやり方は過去には通用したが、時代が変化した今、それが通用するとは限らない。(注) また、**トップは、プライド・面子が邪魔をして、方針の誤りに気付いても、方針を素直に変えにくい。間違った方向にリーダーシップを発揮していないか、常に自問すべきである。**誤りは素直に認め、弱みがあるところは無用に隠さないことも必要だろう。

　なお、部下に対して「もっと勉強しろ」と言っている上司ほど、（かつては勉強したが）今の社会の状況に対し勉強不足なこともある。

　「教える立場に立ったと思った瞬間から劣化が始まる」とも、「愚者は教えたがり、賢者は学びたがる」（アントン・チェーホフ）ともいわれる。

　トップは謙虚さを忘れず、聞く耳を持ち、自分磨きを続けることが大事であろう。

　（注）トップ：首長ということではなく、各部門、チームのトップの意。

事例　政策転換と業界団体の意向

　「社会は変わってきた。これまでのやり方では明るい未来はない。これまでのしがらみを断ち切って新しい政策を出していきましょう」と部下が提言してきた。さて、トップとしてどう判断するか。

ⓐ判断１：（何を生意気な）経験の浅い君に何が分かる……

ⓑ判断２：（確かに彼の言う通りだが、業界団体は、これまで我々に協力してきてくれた。この政策は明らかに業界団体に激震をもたらす。この処理を間違うと自分の将来はない。先送りしよう）ちょっと考えさせてくれ……

ⓒ判断３：（確かに彼の言う通り、大改革が必要だ。しかし、業界団体の反発は激しいだろう。この政策案のままでは業界の理解を得ることは難しいが、こちらが妥協すれば落としどころはあるはず）分かった。でもこのやり方では社会的合意形成が「難しい」。Win-Winとなる妥協策を考えてみよう……

ⓓ判断４：分かった。この先の大変化を考えると、これしかないな。業界団体の反発は厳しいと思うが、理解が得られる方法は必ず見つかる。これでいこう。

　ⓐは論外として、ⓑのタイプが少なくないのが実態ではないだろうか。

　ⓒの何が悪いのか、と思う人も少なくなかろう。望ましい姿からの"妥協"を始めから考えるべきではない。それでは「（許容しうる）望ましい姿」も実現できない。交渉術から見ても、ⓒは「馬鹿の中折れ」といわれる。自分から中折れを持ち出すと、中折れしたところと、相手の主張の間が妥協点となってしまう。

第５章　能力を磨く　201

第6章

分野別の技術力

(1) 産業力を高めるための技術力

　現在は、知能革命など、産業の革命期ともいえる時代を迎えている。(注) こうした時代認識を持ち、科学技術力、産業力、労働力などの企業の経営環境とともに、人材育成・教育、就業環境、住環境などの社会環境まで総合して地域の魅力を高めるよう努めなければいけない。

　高度成長期には、工業団地を造成し、インフラを整え、企業を誘致すれば、何とか地域の産業力は高まった。しかし、現在はこれをすればよいというものはない。「総合行政力×現場力」を持つ地方行政機関の役割は大きい。

　地域の産業力を高めるために特に重要と思われる4項目を以下に述べる。

　　(注)「知能革命」については、③を参照。

> ㊼ IoT、AI、EV、5G、ブロックチェーンなどが産業や社会に与える本質的影響を考えていますか？

　実務家公務員も、IoT、AI、あるいは自動車のEV化、自動運転などの様々な分野の自動化あるいはブロックチェーン (注1) のような情報管理技術の進化がもたらす事業環境（経営環境＋社会環境）の大きな変化を理解し、また知能革命によって日本（人）の持つ勤勉さの優位が薄れる恐れがあることを認識し、危機感を持たなければならない。そして、

適切な "科学技術・産業振興政策" を立案し、企業の取り組みの支援方策や、"科学技術による社会問題の解決" のための政策を立案することが必要だろう。

　行政機関は一般に最近の科学技術動向の本質を十分には理解していないことが多い。IoT という言葉は知っていても、それが「生産現場へのセンサーの導入とそれから得られたデータの有効活用による業務効率化」という単なる業務効率化と限定的に捉えている者が少なくない。実際には IoT は、他の技術変化との結合により技術を大変革させる段階を迎えている。(注2) これらの技術は、社会問題の解決にも貢献する。事例1に示す「見方3」のような認識を持たなくてはならない。

　事例2は、2018年3月、静岡県が改訂した「ふじのくに物流ビジョン」における技術革新の進展による10年後の物流の予想図である。科学技術の大変化を予想し、それを物流や地域交通にどう生かしていくかを政策として打ち出していくことが重要である。

（注1）ブロックチェーン：分散型の台帳技術。取引情報などのデータの移動履歴を多数のコンピューターに同期して記録する方法。名称は取引情報の履歴が鎖状につながれていることに由来する。これまでの中央集権的技術の社会を根底から変えるもの。
（注2）例えば、技術同友会（大企業の技術系の元経営者らで構成される提言機関）は、IoT や AI、ビッグデータ技術を活用した新規事業の高度化レベルを「ステージ1：現業ビジネスの効率化のための IoT 活用」「ステージ2：サービスイノベーションのための IoT 活用」「ステージ3：新しい価値創造イノベーションのための IoT 活用」の3段階に分類し、既存事業の効率化に利用するだけの「ステージ1」に安住していたら、これからの時代に新産業の創出は難しいと、危機感を募らせている。

事例 1　自動車の EV 化をどうみるか

見方 1：EV 化は、エンジンがモーターに変わる革命的な変化である。
　　　　産業の EV シフトを加速しなければいけない。

見方 2：EV 化は、高度な擦り合わせ技術が不要となり、新規参入が容
　　　　易となる。このため、激しい競争が起き、EV 化をしても自動
　　　　車事業では大きな収益（付加価値）がとれなくなる。さらに、
　　　　AI やシェアリングエコノミーが進展する。これらの進展に
　　　　よって、車の稼働率は上昇し、車の総量が減少する可能性があ
　　　　る。今から、それらに備えて、生き残れる事業分野は伸ばし、
　　　　厳しい分野は思い切った産業構造の転換、事業の転換が必要で
　　　　ある。

見方 3：EV 化は、エンジンがモーターに変わるだけだが、それに自動
　　　　運転化が加わると、劇的に社会を変える科学技術となる。この
　　　　ような変化を産業振興の問題として捉えるだけでは不十分であ
　　　　り、過疎地の交通確保や都市交通の問題など社会問題の解決に
　　　　つなげることを意識すべきである。行政機関においても、危機
　　　　感を持つだけではなく、"科学技術を社会問題の解決につなげ
　　　　る"という前向きな発想が重要である。

事例2 「新ふじのくに物流ビジョン」2018年3月 静岡県（p9より）

<　技術革新の進展による10年後の物流の予想図　>

AIを活用した港湾運営の自動化・効率化	物流ロボット等による倉庫の自動化
・道路や港湾の混雑度や、船舶の到着時間などの情報の集約と、AIの活用により、貨物コンテナを積み重ねる順番や荷物を運び込む時間をはじき出して、物流事業者等に自動的に指示が出るようになり、コンテナターミナルの生産性が向上しています。	・自動搬送やピッキング※1などを行う物流ロボットが常設され、異なる荷姿や荷量等をAIの活用によりオペレーションを最適化するなど、一貫した自動化が進んだ高機能な物流施設が立地し、物流施設内の生産性が飛躍的に向上しています。

トラックの隊列走行の商業化	EVトラックの拡大
・隊列走行の商業化により、後続車両が無人になり、1人で大量の荷物を輸送することができ、トラックドライバーの人手不足の解消に貢献しています。	・近距離配送に小型・中型EVトラックが導入され、住宅街の夜間配送にも対応でき、騒音・環境に配慮した配送サービスの提供が可能となっています。
自動運航船の実用化	無人自動走行の実用化
・AIやIoT等を活用して安全かつ最短航路などを導き出す自動運航システム等を搭載した自動運航船が実用化され、内航海運業界の船員の人材不足の解消に貢献しています。	・公共交通が撤退した地域でも、貨客混載の自動運転車・バスを利用して日用品等を受け取ることができ、店舗に出向くことなく、欲しいものが手に入ります。

小型無人機による荷物配送
・小口輸送の多頻度化が解消され、トラックドライバーの長時間労働が解消されています。
・中山間地域の診療所への医薬品の搬送が容易となり、安心して生活しています。
・災害時には物資を必要とする場所に確実に配送できるようになっています。

輸送手段の飛躍的な革新により無人化が進んでいます	情報通信技術の活用により自動化・効率化が進んでいます

> **㊽イノベーションが生まれる仕組みをつくっていますか？**

　企業や研究機関においても、オープンイノベーションを導入するところが多い。自前の研究者、自前の技術を囲い込んで使うのではなく、外部のアイデアや技術を広く取り入れて、商品の魅力と事業化スピードを高める。

　そこでは、**研究領域と事業化領域の出合い（マッチング）の場（プラットフォーム）を提供することが重要である。マッチングは、単に引き合わせるだけに終わらず、具体のビジネスを創出すること（事業化）にもつなげることが必要だ。**

　多分野連携・組織間連携（厚みのあるオープンイノベーション）の仕組みをつくる、すなわち、研究者個人対企業の連携にとどまらず、他分野の研究開発法人や大学などの研究組織対企業群・地方自治体という厚みのある連携に発展させていければ、さらに有効である。

　例えば、農業であれば、「食品の持つ健康増進効果（機能性）の科学的エビデンスを研究し、その機能性を持つ農産物を生産し、機能性を高めるように食品加工する」というような農・食・健の多分野連携も重要になってくる。

　これらの連携による事業化（具体的ビジネスの創出）を促進するためには、研究と事業のマッチングの場の提供とともに、参加者の連携を調整・促進する機能（産学官金連携による共同プロジェクトの企画と実施支援、知的財産の保護と契約の支援、起業支援、資金支援等）を持つプラットフォームを置くことが有効だろう。

　静岡県は2017年、事例に示すように、研究拠点（AOI-PARC）とともに、（一財）アグリオープンイノベーション機構を設立したが、この取り組みはその良い事例といえよう。

　このプラットフォームでは、ビジネスとしてのイノベーションを科学技術から生み出す「プロデューサー」が必要不可欠となる。プロデューサーは、いわゆる「死の谷」に落ちそうな、あるいは落ちている「シー

ズ」の価値を理解し、あるいは、まだアーリーステージにある研究成果の将来性をみつけ、それを社会実装してビジネス化するという「事業化・商品化のイメージを描く能力」と、「実現する具体的プロセスを描く能力」とが求められる。プロデューサーは、科学技術から新産業や新ビジネスを生み出す人、あるいは逆に新ビジネス・新商品から、それを実現できる科学技術を組み合わせる人といえる。しかし、これができる人財はまだ少ない。意図して育成していかなくてはならない。

column
セレンディピティ

　セレンディピティ（serendipity）とは、素敵な偶然の出合いによって、予想外のものを発見すること、あるいは、何かを探しているときに、探しているものとは別の価値あるものを偶然見つけることである。そして、自然科学におけるセレンディピティとして、実験や観察で失敗や無成果を繰り返しているときに、偶然に大発見をするというエピソードがしばしば語られる。

　ただし、このような大発見の出合いがあっても凡人は見過ごすだけとなる。「構えのある心」（the prepared mind）ある者にセレンディピティは訪れる、といわれる。偶然のように見えて、実は偶然ではないのかもしれない。

　しかし、このセレンディピティを個人の構えに頼っていては、出合いは少ない。歴史的大発見はそれでもよいが、多様な研究と事業のマッチングを個人の偶然の出合いに頼ってはいけない。この「構えのある心」を支援し、出合いを増やす、いわば「構えのある環境・仕組み」を用意することが重要である。

第6章　分野別の技術力　207

事例　AOI-PARC ＋アグリオープンイノベーション機構

AOIプロジェクト：拠点施設「AOI−PARC」 運営財団「AOI機構」の設置

静岡県は、産・学・官・金、農・商・工分野の多様な主体が参画するオープンイノベーションにより、農・食・健を総合した科学技術・産業を振興し、サービスを生み出すためのAOIプロジェクト（Agri-Open Innovation Project)を推進している。

そのための研究・知財ビジネスの拠点を、2017年8月沼津市に開所した。この拠点から、新たな価値を発信し、世界の健康寿命の延伸と幸せの増進に貢献する。

同拠点には、一般財団法人アグリオープンイノベーション機構を設置し、オープンイノベーションを推進する。同機構が運営するAOIフォーラムには、AOI-PARC入居者にとどまらず、関心を持つ多様な主体の参加を求め、相互交流の場を提供するとともに、起業・事業化を支援する。

AOI−PARC　Agri Open Innovation Practical and Applied Research Center

イノベーションの源泉たる「知」の集積

県農林技術研究所（栽培技術） × 慶應義塾大学（情報科学） × 理化学研究所（光技術） × その他大学・研究機関 × AMF研究機構（健康科学）

事業化機会

入居企業 × 外部企業等

AOIフォーラム
- 農・産・学・官・金で形成
- オープンイノベーションの「場」
- 起業・事業化支援

AOI機構　（一財）アグリオープンイノベーション機構（2017年4月設立）
- プロデューサーやコーディネーターによる"ビジネスマッチング"
- AOIフォーラムの運営

㊾マーケティングの基礎的知識を持っていますか？

　経済産業政策の立案や実施においては、企業経営者などと意見交換する機会が多い。その際には、最小限の経済・経営に関する知識は必要不可欠である。財務諸表の読み方などは初歩の初歩にすぎない。

　例えば、マーケティングに関しては、SWOT分析、PPM分析、VRIO分析、あるいは3C、STP、4C、4P、CRMなどの言葉は頻出する。(注1) **このようなマーケティングの基礎的知識を最低限持って、使いこなす（自家薬籠中のものとする）まではいかないものの、使えるようにしておくべきである。使うことによって、いわゆる「知識・理論と現実の往復運動」が起こり、知識・理論を現場に適用しながら現実を見て、知識・理論の修正、あるいは適用方法の修正ができるようになる。**(注2)

　マーケティングの基礎知識が必要というのは、1つの例である。どの分野であれ、基礎的知識と理論を知った上で、それをもとに現実の問題と向き合うことが重要である。ただし、実務家公務員は、自らの分析の道具としてこれらを使ったとしても、外に対してはこれらの専門用語を使うことは避けた方がよい。"浅い知識で知ったかぶり"と取られることが多い。

（注1）SWOT：(Strengths、Weaknesses、Opportunities、Threats)
　　　PPM：(Product、Portfolio、Management　花形、金のなる木、問題児、負け犬の分類で有名))
　　　VRIO：(Value、Rarity、Imitability、Organization)
　　　3C：(Company、Customer、Competiter)
　　　STP：(Segmentation、Targeting、Positioning)
　　　4C：(customer solution、customer cost、convenience、communication)
　　　4P：(product、price、place、promotion)
　　　CRM：(Customer　Relationship　Management)
　　　これらについては、例えば「ここから始める実践マーケティング入門」（グロービス著．ディスカヴァー・トゥエンティワン）などの入門書を読めば、最低限の知識はすぐに身に付く。

第6章　分野別の技術力　　209

（注2）王陽明の「知行合一」も同様のことを示している。「知っているなら行う」ことが大事だが、同時に「行うことが知を育てる」ことにつながる。

参考 観光におけるマーケティング／マネジメント

　観光協会など、旧来型の観光振興組織は、マーケティングではなく、プロモーションやセリング（売り込み）が中心となりがちである。「マーケティングの究極の目標は、セリングを不要にすることである」はドラッカーの言葉。DMO（Destination Marketing／Management Organization）設置の動きは、古いやり方からの脱却である。

　星野佳路・星野リゾート代表が考える「観光経営人材の5条件」も参考となる。観光経営における技術力、考え方×意欲×能力の例といえよう。
　①現場経験が豊富
　②ビジネス理論に対する理解
　③自らの旅行経験
　④グローバルな価値観
　⑤観光への情熱（利益の追求に終始するのではなく、観光ビジネスを通じて社会に貢献するという情熱）

column

特定企業へのえこひいき？大いに結構。ただし公正なプロセスで

　信じられないという方もいようが、下記の事例のように、地方行政機関には「地域の特定企業を応援することは公平性を欠く」という考えの者が少なからずいる。

　意味もなく「えこひいき」することはフェア（公正・公平）ではなく、問題があるが、その応援が県全体の産業競争力を高めたり、県全体のイメージアップにつながったりするのであれば、「公益性の観点からやる気のある特定企業を応援する」ことに何の問題があるだろうか。

　行き過ぎの公平性重視は、公益性を損なうことになる。

　　A社長：（B県庁のS局長を訪問し）わが社の商品を東京のテーマ
　　　　　　パークで扱ってくれるようになった。その際に先方から、
　　　　　　「B県にはよい商品がたくさんある。わが社としては集客
　　　　　　にもつながるため、スペースを1週間無償提供するので、
　　　　　　B県フェアをやったらどうか」と言われた。このフェアを
　　　　　　県で応援してもらえないだろうか。
　　S局長：フェアはよい話だが、結果的に御社の宣伝を県がすること
　　　　　　になるので公平性の点で応援できない。
　　A社長：最近、外務省は日本の在外公館や大使公邸で特定一社の商
　　　　　　品の宣伝をやらせてくれるのですが。
　　S局長：本県はそういうことはしていない。

(2) 文化力を高めるための技術力

> ⑤芸術や芸能、アートだけが文化だと思っていませんか？

　文化政策の担当者にしばしば見られるのは、芸術や芸能、アートだけが文化だと思っていることである。しかし、「参考1」に示すように、文化政策の対象とする「文化概念」は国際的にも国内的にも拡張されている。

　また、**文化の一般的な定義は、「way of life」（暮らし方）である**（「参考2」を参照）。**日常生活の中に根付いた暮らし方の中に素晴らしい文化がある**。例えば、美しい農村景観そのものが文化であり、またその地での自然調和的な暮らし方もまた文化である。

参考1　最近の文化政策の潮流

　2017年6月、文化芸術振興基本法の一部が改正された。

　改正の概要は、文化芸術振興基本法を文化芸術基本法に名称変更したこと。その趣旨は、文化芸術の固有の意義と価値を尊重しつつ、文化芸術そのものの振興にとどまらず、観光、まちづくり、国際交流、福祉、教育、産業その他の各関連分野の施策を基本法の範囲に取り込むとともに、文化芸術により生み出される様々な価値を文化芸術の継承、発展及び創造に活用しようとしていることである。

　このことは、「新しい文化政策」の流れ、すなわち、文化政策の対象となる「文化概念」の拡張と、文化政策の対象となる「担い手の多様化」を示しているものといえる。

　伊藤裕夫氏（静岡文化芸術大学元教授、日本文化芸術学会前会長）は、文化政策の対象とする「文化概念」の拡張は、欧州諸国では1980年代あたりから徐々に始まり、日本でも世界的な流れに呼応するかたちで登場し、2000年代以降の文化政策に反映されているとし、その特徴を以下の3つのキーワードで表している。

ⅰ）「創造都市（creative city）」という言葉に代表される、文化政策の都市政策や産業政策との結びつき

ⅱ）2000年に開催された「大地の芸術祭 越後妻有アートトリエンナーレ」以降、全国各地で激増している「アートプロジェクト」

ⅲ）「社会的包摂（ソーシャル・インクルージョン）」や「社会関与（ソーシャリー・エンゲージド）」といった考え方とそれへのアーティストの参加や関与

参考2 文化、文明と観光

川勝平太・静岡県知事と横山俊夫・静岡文化芸術大学学長の対談「文明観光学は世直しの学び。～これからの世界で大学が果たす役割とは～」（静岡県総合情報誌ふじのくに vol.32 2018.spring）は、文化、文明と観光を理解する上で参考となる。抜粋して記す。

【横山氏】

世界中にある「文明」に類する言葉、つまり、理想社会を語る言葉に共通するのは「他者への思いやり」です。ただ、その「他者」とは、人間だけなのか、それとも花や蝶、山や川や海も含むのか、という点で異なります。例えば、「国の光を見る」というのが中国の古典である『易』に出てくる「観光」です。その「光」は、徳の高い人たちが集まって醸し出す「輝き」のようなもの。「徳の高さ」とは「天地とともに文（あや、美しい織物）をなしうる」ということです。ところで、文明とは天地人が「文（あや）なし明らかなこと」です。つまり、「文明なくして観光なし、観光なくして文明くすむ」です。漢字文化圏で言う文明や観光は、言葉の歴史が古く、豊かな意味合いがあり、単純に西欧の「civilization」の訳語として考えるとちょっと貧しくなりますね。

【知事】

文化と文明を、どのように区別されていますか。

【横山氏】

文明というのは、まとまりのある地域全体を語る言葉です。例えば静岡というまとまり。文化は、「文（あや）に変化する」こと。何であれ、粗野であったものが洗練されれば文化です。でも、全体としてどこかに無理を押し付けていないか、次世代も続くかどうか、しかも明るく、と考えるのが文明を問うことです。文化は、戦後のアメリカ社会学の影響もあって単に way of life、生活様式のように思われがちですが、漢字は「文に化す」としている事を大切にしたいですね。

【知事】

現在使われている「文化」は欧米の社会科学で使うカルチャーの訳語です。文化の定義は欧米では「way of life」です。訳せば「生活様式」。

【知事】

福沢諭吉は「シビリゼーション」を「文明」と訳し、西欧文明と比べて日本は「半開」で、「西欧文明を目指せ」と論じました。しかし、横山さんは「文明」の語源に立ち返り、文明のもつ本来の意味は「あやなして光り輝くこと」「徳や教養のあること」と説かれていますね。

【横山氏】

ある地域、ある時の「文明」が絶対的に正しく、残りは序列化して並べるようなタイプの学問は世を暗くする一方です。文化や文明は、単純な次元で比較できません。

---

(51)アーティストが地域づくりに関わる意義を理解していますか？

地域は、個性が重要である。アートも、個性が重要である。アーティストには、場の力という個性を読み解き、引き出す感性があり、それを表現する能力がある。アーティストに地域づくりに関わってもらうことは、地域づくりにおいて思いもよらない価値を生み出す可能性がある。

ただし、アーティストや建築家には３つのタイプがあることに留意したい。

コンテクスト派：場の力を読み解き、建物や作品を場に溶け込ませ

つつ、場の力を高める

モニュメント派：場の力は関係なく、建物や作品自体を目立たせる

コモンズ派　　：建築物や空間をコモンズ（地域社会の共有地）として捉え、建築物や空間を新しい生活や文化を生み出すダイナミックな場として認識する (注1)

　モニュメント派の究極は、場の力と対立したもの・対極にあるものを意図して持ち込み、それで自分の作品を際立たせるタイプである。このモニュメント派に地域づくりに関わってもらうことはやめた方がよいと断言する。北川フラム氏のような「どうすれば作品がかくれた場の力を引き出せるか、表に出せるかを考える」人に参加を求めたいが、残念ながら、現時点では人財が希少である。

　また、今後の科学技術（テクノロジー）の急速な発展を考慮し、「アートとテクノロジーを活用した地域づくり」を進める時代になってきている。(注2)

（注1）コモンズ派：筆者が建築家長谷川逸子氏の文献を参考に、勝手に名付けたもの
（注2）鷲尾和彦氏によると、オーストリアのリンツ市で1979年に開催された「アルスエレクトロニカ・フェスティバル」のビジョンは、「社会的・文化的イノベーションには、アートとテクノロジーの両輪が要る。個人がもつ自由で独創的な発想と、科学技術のもつ革新性や実用性の触発が社会全体を変革するためには欠かせない」だそうだ。その先見性には驚かされる。

参考　建築はコモンズ

　以下は建築家の長谷川逸子氏の講演資料（2018年4月21日　ふじのくに地域創造セミナー）からの抜粋である。

　建築は社会的存在であるだけではなく、歴史や民族史に属するような人々の生活や文化、その中にある身体性や振る舞いなども包含し、未来へ継承していくコモンズでもある。

　建築がつくりだすコモンズは、古いものを受け継ぎながら、同時に外

部にも開かれていて多様なものを受容するインクルーシブな場で、常に新しい生活や文化を生み出すダイナミックな場でありたいと思う。

　そのように考えて、公共建築を作るときには、誰でもが快適に過ごせる場となるように敷地全体を開き、市民と議論し、運営プログラムを作り、可能な場合には運営スタッフの育成もしてきた。

　たとえば、新潟市の「新潟市民芸術文化会館」では、信濃川沿岸や隣接する公園、敷地内に点在する既存建築とつながるブリッジを巡らせ、誰でも自由に散策できるようにした。また、世界水準のオーケストラも招聘する一方で、地域の市民オーケストラや伝統的な舞踊をプログラムに導入し、自主企画を運営していけるような運営スタッフの養成もした。

　グローバリズムの掛け声のもと、市場の寡占化が進み、排他的な政治が世界を席巻しつつある現在、益々ダイバーシティを許容し、多様な人材を育み活力を生み出すインクルーシブな建築を思考する必要が高まっていると考えている。

参考　北川フラム氏（アートディレクター）の言葉

「どうすれば作品が『かくれた場の力』を
引き出せるか、表に出せるかを考える」

アート　　　：アートだけは、個性が認められ、評価される
地域　　　　：（本来）それぞれ個性がある。多様な人がいて
　　　　　　　多様な価値がある
アーティスト：場の力を読み取る感性がある

➡アーティストが、地域の個性、場の力を読み取り、引き出す

| 参考 | 現代アートは分からない？ |

秋元雄史氏（東京芸術大学大学美術館館長、金沢21世紀美術館館長）の「日本列島『現代アート』を旅する」（小学館新書）は名著だと思う。賢者は難しいことを易しく教えてくれる、の典型。その中の一節を紹介したい。

「では、抽象絵画の目的は何でしょうか。

それは「体験」です。現代の抽象絵画の多くは、その作品が提示する空間を「体験」することを目的に制作されています。

それゆえ作品は、人間のもつ根源的な感覚に訴えかけてきます。というと難しくなりますが、要は、陽射しを浴びたり、そよ風を受けたりするのが気持ちよいと感じるように、その作品がもたらす空気感に身をゆだねてほしい、ということです。人が光や風を受けて快感を覚えるのに、理屈はありません。それと同様に、抽象絵画の鑑賞に「理解」は不要なのです。」（同書　p40）

column
アーティストやアートディレクターと公務員の相性

アーティストやアートディレクターと実務家公務員の相性はあまりよくないことが多い。それはなぜだろうか。

一般に実務家公務員は手堅い話が好きだ。計算可能領域で仕事をしたがると言ってもよい。一方、それでは、アートにならない。計算可能領域の外にある独創的な発想や表現がアートの魅力である。依然として、理性をよりどころに、守るべき法則を強要する「古典主義の美学」を奉ずる実務家公務員に対して、現代のアーティストは、感受性の優位を信じる「ロマン派以降の美学」を重視しているといえよう。

文化振興は、大事な行政領域である。実務家公務員は、文化政策の立

案は行うが、アートプロデュースについては不得意であることを自覚
し、一定の条件を設定した上で、アートプロデューサーらに自由に活動
してもらうことを心掛けるべきである。(実務家公務員としては、計算
可能領域外のことが起きそうで、心配で心配で落ち着かないかもしれな
いが)

---

(3) 危機管理力を高めるための技術力

> ㊾平時の優れたリーダーが、危機時にも優れたリーダーとして機
> 能すると思っていませんか?

　平時のリーダーと、危機時のリーダーとでは、意思決定の形が異な
る。行政組織においては、平時の仕事が多いため、十分な情報の下に判
断を行う平時のリーダーは育ちやすい。しかし、危機を経験することは
稀であり、不完全・不十分な情報下での決断が求められる危機時のリー
ダーは、育ちにくい。

　図は、平時と危機時において、リーダーの役割がどう変化するか示し
たものである。災害発生直後は、情報が限られ不正確である中で、被害
の全体像を推定し初動をするという「不十分な情報下での決断」が求め
られる。次第に、情報は増えてくるが、二次被害の可能性も出てくる。
そこでは「錯綜し、逐次変化する情報下での決断」が必要だ。

　このような決断ができる人財は稀少である。また、平時の優れたリー
ダーが、危機時にも優れたリーダーとして機能するとは限らない。適材
適所が必要である。

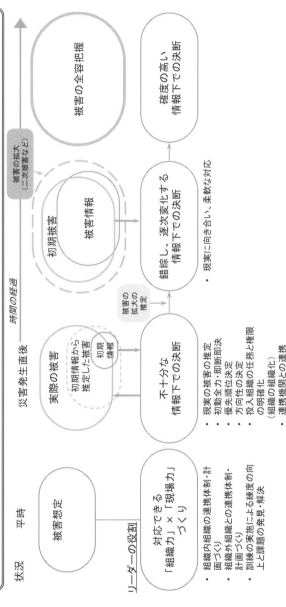

参考文献（JTOP October 2016 大規模災害対応に見る組織力と現場力 折木良一 防衛省第三代統合幕僚長）

第 6 章 分野別の技術力　219

| 事例 | 危機管理監と危機管理部長の分離 |

　静岡県では、危機管理部門のトップとして、危機管理監兼危機管理部長を置いていた。危機管理監は、危機時に知事の下で全庁的取り組みの指揮を執る。これはよいことだが、危機管理監が危機管理部長を兼務しているため、「部」のトップとして、内部管理や対外調整などに時間を取られ、現場の体制強化や練度を上げる取り組みに時間を割けない。また、能力上、平時のリーダーが危機時のリーダーとしても最適とは限らない。

　そこで、両者の兼務をやめ、それぞれに適材を充てることにした。

| ㊝危機管理における3原則を肝に銘じていますか？ |

　危機管理は、災害対応だけではなく、「失敗すると大きな損失につながるものへの対処」全般であるといえる。

　危機管理における原則は、いくつもあるが、最も重要なことは、次の3つと考える。すなわち、

・最悪の想定

・初動全力（戦力の逐次投入に陥らない）

・絶対とは絶対言わない

「甘い想定で始め、次々に状況が悪くなり、その都度追加戦力をつぎ込むが、ことごとくうまくいかない。こんなことは想定していなかった（絶対ないと思っていた）とくちびるをかむ」というのはよくあることである。

| 事例 | 東日本大震災の際に、釜石市内の小中学生の避難行動の基となった「津波避難の3原則」 |

片田敏孝群馬大学教授（当時）が小中学生らに伝えていたものである。それは、

1. 想定にとらわれるな
2. その状況下において最善を尽くせ
3. 率先避難者たれ

これは、"「ハザードマップでは津波はここまでしか来ない」という想定にとらわれず、最悪を想定し、初動から自分ができる最善をし続けよ。その行動を見て、他の者も最善をつくそうとする"というものである。

この逆は甘い想定。その想定に応じた行動では事態が悪化するので、さらに次の手を打つが、後手後手に回り、ことごとく機能せず、結局全滅、全敗というものである（例：初動で相手の兵力を甘く見て、少数の隊を送り、全滅。次にもう少し大人数を送り、また全滅。それを繰り返しているうちに相手の兵力が整い、結局全戦全敗の上、全滅）。

column

「絶対ということは絶対ない」というとき以外は、"絶対"という言葉を使うな

これは1975年頃に、筆者の恩師　松尾稔先生（後に、名古屋大学総長）から指導されたものである。「およそ自然現象や安全問題、工学的な問題で"絶対"ということはまずない。だから、安易に"絶対"と言ってはいけない」と。

東日本大震災以降、「絶対（安全）ということはない」は、かなり定着してきたが、今から40年前の私には衝撃的な言葉だった。それでも今なお、災害が起きるたびに「この場所は絶対安全だと思っていました」という言葉が、市民のみならず、技術者からも聞かれるのは残念である。

㊴実際に役立つ「備え」をしていますか？

　地方自治体等で行われる防災訓練の目的は大きく分けると次の3つである。

　ⅰ）自助、共助の意識を高めつつ、公助との連携を強化する

　ⅱ）実践してみることで現場の練度を上げる

　ⅲ）弱点、穴（うまくいかないこと）を発見する

　しばしば見られるのは、うまく訓練が進むシナリオを描いて、その通りに訓練を実行するものである。このような訓練では、災害時に発生した、想定外、シナリオ外の事態へ対応できず、それがボトルネックとなって、全体を損ねることになりかねない。(注)

　例えば、通常、訓練では、国土交通省の地方整備局が持つ防災ヘリコプターは何の問題もなく、発進できることを前提に訓練をする。しかし、「参考」に示すように東北地方整備局では、日頃の訓練から、うまくいかないこと、想定外はないか「周到な備え」をしていた。それが、東日本大震災時に、仙台空港の格納庫に駐機されている防災ヘリが津波が押し寄せてくる前に離陸することにつながった。

　東北地方整備局の「備えていたことしか、役には立たなかった。備えていただけでは、十分ではなかった」という言葉は、いかに実際に役立つ「備え」が重要かを示している。

　現場で生じる不祥事への対応も、経営管理者が現場に入り、現場と一緒になって日頃から備えておきたい。

　（注）想定外には、担当者の実施能力の低下の問題もある。危機下において、とりわけ情報が錯綜する中で担当者が受ける精神的プレッシャーは大きい。これによってありえない判断ミスやケアレスミスが生じやすくなる。訓練において、担当者にプレッシャーをかけてみて、その反応を見ることも訓練の大切な目的の1つである。

| 事例 | 津波被害に対する道路の緊急啓開 |

　防災訓練においては、しばしば緊急啓開 (注) が道路で実施され、その後、緊急車両による被害者の救出が行われる。道路の緊急啓開には地元の建設事業者が協力する。しかし、しばしばここに想定の甘さがある。

　例えば、伊豆半島西部のある町では、市街地の大半がレベル2の津波浸水区域にある。建設会社の機材も浸水区域内にあるため、レベル2の際には、建設会社の社員は避難で助かっても、機材は被害を受けて使えない。道路の緊急啓開をしようとしても、そのための機材がない状況となる。

　それにもかかわらず、防災訓練においては、しばしば整った機材で道路啓開が行われる。

（注）啓開（けいかい）とはきりひらくことだが、災害時の緊急啓開は、道路や航路の瓦礫等の障害物を緊急に取り除き、車や船が通行可能にすることをいう。

第6章　分野別の技術力　223

| 参考 | 備えていたことしか、役には立たなかった。備えていただけでは不十分だった。（国土交通省東北地方整備局） |

東日本大震災の際の国土交通省東北地方整備局の「くしの歯作戦」をはじめとする初期対応は見事だったと思う。東北地方整備局のさらに素晴らしいことは、過酷な災害対応の実体験をもとに「東日本大震災の実体験に基づく災害初動期指揮心得」をまとめたことである。そこでは、東日本大震災を実体験した者にしか分からない「経験知」を書き残し、関係者共通のものとするとともに、対応が不十分だった事項や見解の分かれる課題についても記述している。まさに「実学」の書と言え、参考になる点は多々あるが、1つを挙げておきたい。

「あの東日本大震災を共に闘った仲間たちと本書を書き終え、今、振り返ってみて、つくづく思うのは、『備えていたことしか、役には立たなかった』ということです。

防災ヘリコプター『みちのく号』をクルーだけで迅速に飛ばした行動も、巷間、防災課長の機転と伝わっていますが、実際は、緻密な『備え』の結果でした。チリ中部沿岸の地震による津波の経験から、職員の搭乗を待たずクルーだけで飛行するオペレーションを考案し、委託会社との緊急時の専用回線を新設し、いざという時のために『みちのく号』を常に格納庫の一番前列に格納しておく手はずまで取り決めておくなど、周到に準備された『備え』が、あの非常時にヘリの離陸を可能にしたのです。防災課長の褒められるべきは機転ではなく、災害がなければ誰にも知られることすらなかった、長年にわたる『備え』の努力だと思います。過去の災害を研究し、考案し、訓練したことだけしか、実際の役には立ちませんでした」(注)

(注) みちのく号は仙台空港の格納庫の最前列に駐機されていて、地震後速やかに離陸し、初期の情報収集に貢献した。離陸直後に津波が押し寄せ、格納庫内の他の機体は全損した。

（4）地域づくり力・観光地域づくり力を高めるための技術力

⑤地域づくりや観光地域づくりのための新しい人、組織づくりを
していますか？

　地域づくりや観光地域づくりは、地域ぐるみ、社会総がかりで進める
必要がある。そのためには、新しい人と組織が必要である。地域づくり
の人材が育ち、協働体制が構築され、地域自ら問題解決する、新たな価
値づくりをすることになれば、「地域の自立性」を高めることにもつな
がる。

　それでは、地域づくりにおいては、誰が将来像を描き、誰がその実現
に向けた取り組みを推進していくのだろうか。

　③の時代認識で述べたように、かつては「行政へのお任せ型社会」の
傾向が強かったと思う。しかし、これからは「参加型社会」「価値の共
創社会」を目指すべきである。

　地域づくりの将来像を描く段階から、UDC（アーバン・デザイン・
センター）のようなまちづくりの公民学連携組織など、それぞれの地域
でその目的と地域特性に合った組織を検討すべきである。そうすれば、
“「公」が「学」の協力を得て描いた将来像の実現に、「民」が協力す
る”という、「垂直的協働」ではなく、“一緒に描いた将来像を一緒に実
現する”という、「公」「民」「学」の「水平的協働」につながる。(注)

　観光地域づくりにおいては、DMO（Destination Management /Mar-
keting Organization）の設立が全国で相次いでいる。単に流れに乗っ
てDMOをつくればうまくいくものではない。観光地域づくりやインバ
ウンド振興のプロ集団にしていくことが大事だろう。「プロ」とはその
道で「問題を解決できる組織・人」「新しい価値を生み出せる組織・人」
「お金を払うに値する組織・人」である。観光の業界に長くいる、ある
いは長く関わっているから「プロ」になるのではない。新しい時代に対
応したインバウンド振興の「プロ」は、地域にはなかなかいない。よい
人財を招聘し、地域に刺激を与える（眠りからさめさせる）とともに、

第6章　分野別の技術力　225

地域の人材育成が重要である。

（注）水平的協働と垂直的協働については、㉔を参照。

事例 「清水みなとまちづくり公民連携協議会」の設立

　従来型の"みなとまちづくり"は、都市計画や港湾計画といった法律に基づく「公的管理計画」は示されている。一方、地域の明るい未来が感じられるような"具体的かつ実現可能なグランドデザイン"は描かれておらず、様々な事業主体の個別最適・短期的最適によるバラバラな開発が行われ、地域全体として全体最適・中長期的最適を欠くことがある。
（注）

　"みなとまちづくり"を地域ぐるみの取り組みとするためには、将来像を共有し、各事業主体が密接に連携することが重要である。

　このため、静岡県、静岡市及び地元企業6社は、「清水港周辺の魅力を高め、"住んでよし 訪れてよし 働いてよし"の地域とし、地域経済を活性化するためには、"みなと"と"まち"を1つの資産とみなし、その資産を活用した地域経営を行っていく必要がある」として、「清水みなとまちづくり公民連携協議会」を2018年4月に設立した（会長：芝浦工業大学前田英寿教授。事務局を常設）。

　今後、協議会では、具体的なグランドデザインを描くとともに、グランドデザインの実現に主体的に取り組んでいく予定である。

（注）⑦の図「部分最適・短期的最適⇒全体最適・中長期的最適」を参照。

column
分散した未利用資源のネットワーク化で地域の魅力を高める

　シェアリングエコノミーが第4次産業革命の時代の鍵の1つといわれている。シェアリングエコノミーは「分散した小さな未利用資源（例えば未使用のマイカーや部屋）のネットワーク化によるビジネス価値化」（単体ではビジネス化が難しい未利用のモノ・空間・時間等を資源とみなし、それらのネットワーク化を通じて有効活用しビジネス価値をつくること）である。

　シェアリングエコノミーとは少し意味が違うが、観光客に対し、地域の商店街が多数の未利活用資源を提供し、ネットワーク化し、ビジネス価値をつくることが考えられる。クルーズ船から下船した外国人が街歩きをする場合を例に取ろう。その地域には、大きな「光」（観光資源）はないが、歴史ある町の中に、ふと立ち止まり、見たくなるものは多数あるとする。その1つだけでは観光客は来ないので、今は資源として活かされていない。しかし、それらをテーマ別にルートマップでつなげば、魅力ある観光ルートとなるだろう。これは、"分散した未利活用資源のネットワーク化による有効活用"といえる。

　「ない、ない」と嘆くのではなく、「ある」ものを探しつなげること（隠れた場の力を引き出しそれを価値化すること）が重要だ。一人ひとりの努力が報われ、面白くなり、やる人が増え、地域全体にチャンスが訪れる。厳しい言葉だが、地域において「価値が眠っているのではない、人が眠っている（から価値を眠らせている）」を心しておきたい。

　また、ここでも、客観的データの分析に基づいた取り組みの実施が重要である。Wi-Fiやスマホのデータを利用して、訪問客の行動・経路分析を行い、それに基づきマーケットニーズに適合した利便性や魅力の向上が可能になる。

(56)地域内資源を活用して地域内の経済循環を促していますか？

観光は地域活性化の切り札といわれ、各地域が取り組んでいる。**地域活性化のためには、経済効果を高めることが重要で、観光入込客数や観光客の支出額を増やすことに力が注がれる。しかし、これだけでは不十分である。地域内の資源（ヒト、モノ、コトなど）を活用したモノやサービスに支出してもらうという「域内調達率」を向上させることが求められる。**（注1）それによって、地域内でお金が循環するようになる。例えば、お客様がお酒を飲むときに、静岡産の米で作った静岡産の地酒と、外国産のワインとでは、域内に残り、域内で回る金額が大きく異なる。

その際には、単に「地元のものを使いましょう」ではなく、お客様に満足していただくことが大切だ。比較劣位のモノは域外に依存（移入）し、域内にある比較優位のもの（あるいは優位になれる可能性のあるもの）を磨くよう努めたい。「お客様が本当に欲しいコトやモノ」「その地域ならではの価値がある商品やサービス」を地域ぐるみでつくっていくことができれば、域内でお金が回り、経済波及効果を高めることの意識づけにもなる。そして、みんなで地域の魅力を高めていこうという協働・共創につながっていく。

大変残念ながら、静岡の地酒が静岡県内のホテルや旅館、飲食店にどこでも置かれているかというと、そうではない（注2）。県内には素晴らしい日本酒を造る蔵がたくさんあるのに、わざわざ灘や東北のお酒が置かれている。もちろん、県外のお酒を好むお客様の好みに合わせることも大事だろう。しかし、せめて２～３種類は静岡のお酒を置いてほしいものだ。静岡には日本一の品目数と品質を誇る地元の食材がある。それを地元のお酒とともに楽しむ。それが、訪れた人の満足度向上や再訪の動機につながっていくように思う。

（注１）：観光政策の数値目標設定における観光地づくりと観光地域づくりの違い

観光地づくり：Ａ＝入込観光客数や観光客直接支出額の増大
　観光地域づくり：Ｂ＝（Ａ×域内調達率の向上）による地域経済活性化効果
　Ⓐは、観光関係者を中心とした取り組み。地域への循環は波及効果として考慮される。
　Ⓑは、当初から地域への経済循環を意識した地域ぐるみの取り組みである。
　参考文献：山田桂一郎氏の累次の論文
（注２）伊豆半島のホテル・旅館や飲食店で、静岡の地酒を見ることは少ない。一方、「そば界の鬼才」柳澤宙さん（静岡出身ではない）の東京神田の眠庵では、20数種類の日本酒はすべて静岡産である。

参考　域内調達

　静岡県主催の「ふじのくに新商品セレクション2017」で、応募94商品の中から最高金賞に輝いた、株式会社だるま（伊豆の国市）の「伊豆山海おぼろ寿司」は、まさに食により地域の魅力を感じ、また、域内でお金が回る好例だ。地域伝統の寿司を、県産食材（"世界で最も美しい湾クラブ"加盟の駿河湾でとれた"由比の桜えび"や"沼津港の鯖"、世界ジオパークの"伊豆の干し椎茸や卵"、世界遺産韮山反射炉のある伊豆の国の"紅しょうが"、世界遺産富士山のふもと御殿場小山の"水かけ菜"）をふんだんに使って、駅で買える"お弁当"にしている。

伊豆山海おぼろ寿司

　駿河湾は、その景観の美しさや自然の豊かさ、暮らしと文化との共存が評価され、2016年11月に「世界で最も美しい湾クラブ」への加盟が認められた。これを受けて、県内全域と山梨県、神奈川県に店舗展開するマックスバリュ東海株式会社と、焼津市に工場があるサッポロビール株式会社が、「サッポロ生ビール黒ラベル」の「駿河湾缶」を共同企画で

開発した。駿河湾を未来へつなげようという想いのもと、マックスバリュ東海全店舗にて数量限定で販売され、商品の収益金の一部は、美しい駿河湾の保全や認知度向上に役立てられている。

マックスバリュ東海様には、日頃から、地元でとれた安全・安心・新鮮な食材を地域で消費する「地産地消」に取り組み、また、富士山の環境保全のための活動にご協力いただいている。感謝。

column
クルーズ船寄港と地域経済

「クルーズ船が寄港しても、ほとんどがバスで他の地域に出掛け、地元にはお金が落ちない。その割に誘致にお金をかけている。ムダだ」という声が聞かれる。

批評家はそれで仕事になるだろうが、地元は、それでは何も生まれない。こう考えたい。

「確かに今はそうだ。地元が素通りされるのは、立ち寄る魅力がないからだ。"地元には小さなよいものがたくさんある。これを活用して地域の魅力を自らの手で高めていこう"という意識を持って行動することが重要だ」。単に「おもてなし」の力を高めようとするのではなく、地域全体の魅力を地域ぐるみで高めていきたい。チャンスは確実に目の前にある」。

クルーズ船の場合は、ターゲットとなる顧客の属性が特定できることが特徴である。分析に基づき、場の力を活かし地域の個性をどう出すか、旅行者が体験などで得られる感動をどう高めるか、旅行者にその感動をどう発信してもらうか、などを検討していくことが求められている。

(5) 組織の実行力を高めるための技術力

> 　本書は、個人が自分の技術力を高めていく方法を述べるものである。ここでは、どういう組織体制（例えばピラミッドか、フラットか、野球チーム型か、サッカーチーム型かなど）が望ましいかではなく、個人が組織のマネジメントをどう意識すべきかを論じる。

　本書では、組織の技術力の構成を次のように示す。

**　　組織全体の技術力＝トップの考え方×**

**　　（〈個々の組織の考え方×意欲×能力〉の総和）**

　中央、地方ともに、ほとんどの行政機関がピラミッド型組織を置き、組織をマネジメントしている。すなわち、トップが決定した戦略を組織の上から下に向かって分解していき、下層の組織はより狭い範囲で具体的な成果を出していく。(注1) (注2)

　このような組織では、トップ（最高執行責任者）の考え方によって組織の技術力が大きく左右される（考え方は −1 〜 1 で変化）。また、組織階層の各段階において、個々の中間組織のトップ（中間管理者）の考え方がその中間組織の技術力を大きく左右するし、それは全体へも影響する。よって、中間管理者をどう育てるか、あるいは自分がいかによき中間管理者になるかが重要である。

　中間管理者の技術力は、「自身の考え方×意欲×能力」とともに、自分の配下の「組織の考え方×意欲×能力」を高めるためのマネジメントといえよう。

　これは、「ハード（組織編成・意思決定プロセス・人事評価制度など）」と「ソフト（組織の構成員の考え方などの組織文化や実際の人事など）」から構成される。

　この組織づくりと人事については、考慮すべきことが多々あるので、本書で書き切れるような問題ではない。また、優れた書も多数ある。以下、人事については省略し、組織づくりについて少し触れてみたい。

第6章　分野別の技術力　231

（注1）「トップが決定した戦略」とは、トップが草稿したという意味ではない。戦略は、トップの考え方のもと、下層で草稿され、最終的にはトップにより戦略が決定される。
（注2）④の図「仕事の構造・階層」を参照。

㊗「自分磨き」が奨励されるシステムと組織文化がありますか？

個人や組織の「意欲」は、現在の技術力に直結するが、それとともに意欲を持って能力を磨き続けるか否かという点で将来の技術力に影響してくる。

短期的に結果を出せる組織づくりとともに、中長期的な技術力を高める組織づくりが重要である。そのためには、「自分磨き」が奨励されるシステムと組織文化が必要不可欠である。

行政機関においては、短期的には組織の存続危機と自分の解雇が訪れる可能性が低い。こういう組織では「どうやって組織の問題解決力・実行力を高めるか」よりも「どうすれば自分が組織の中で泳いでいけるか」を考える人が多くなりやすい。そして、凡庸でも当面は何とかなる組織では、事なかれ気質が蔓延する。また、減点主義の組織では、慎重な人、そつのない人、大きな失敗をしない人が高く評価される傾向にある。

しかし、問題解決においては、想定通りには相手が動いてくれず、結果が出せず途中で挫折するリスク、あるいは利害関係者との調整上のリスクなど、多様なリスクがある。従って、問題解決に正面から取り組めば、意欲×能力のある人でも、10中9は成功しても1は失敗する。一方で慎重な人、意欲のない人は本来やるべきことをやっていないので失敗が表に出ない（あるいは隠している）。しかし、機会損失（やっていれば得られたであろう利益の逸失）が発生している。ここで、減点主義の評価をすれば、表だって失敗した人はとがめられる。これではリスクをとって固い岩盤をコツコツと穿つ人がいなくなってしまう。

232

column

ドラッカー著「現代の経営」

　本書は、随所でP.F.ドラッカーの「現代の経営」（ダイヤモンド社）から引用している。

　行政実務は、企業経営とは異なるためか、実務家公務員ではドラッカーの名著「現代の経営」を読んだことのない人が多い。

　しかし、行政組織の運営（例えば経営管理者を育てる）においても、この名著は実に多くのことを教えてくれる。なぜなら、「経営の手法」の書ではなく、人や組織の実際の行動を洞察した上で、どういう職場のマネジメントをすべきかを説いているからである。

　「ドラッカーはもう時代遅れ。マイケル・ポーターの戦略論だけでは通用しない」という指摘がある。確かに、経営学や戦略論の最先端ではそういうことかもしれない。しかし、そのことを知った上で、実務家公務員にとって必読の書といえるだろう。

> ⑤総合行政機関であり、かつ現場の実行部隊を持つ地方政府の力
> を活かしていますか？

　総人口減少社会における様々な社会の問題、例えば産業の人材確保・育成プランなどについては、単独の分野の政策で解決できるものではない。その地域で働き続けたいと思ってもらうためには、労働条件・環境に加え、住環境、教育環境、地域への愛着などについての対策が求められる。

　国のような縦割り型の行政機関では総合的な解決策を提示しにくく、個々の地域の実情や個性に対応した政策の立案も難しい。

　さらに、政策を立ててもそれを実行できる組織と現場がなければ実際の社会問題の解決にはならない。国の機関は、地方出先機関はあっても、国土交通省や厚生労働省などの一部機関を除き、現場での実行部隊を持たない。このため、「実行」は地方政府に託することになる。ただ、これでは現場が意図通り動いているか、予期しない問題が発生していないか、などについてチェックしにくい。PDCAの「D」と「C」の機能が不十分となりやすい。

　「政策の総合力」×「現場の実行力」の両面で、国には限界がある。**総合行政機関であり、現場の実行部隊を持つ地方政府が力を発揮すべき時代である。実務家公務員も「総合政策力×現場力」を意識して仕事をすることが求められる。いわば、組織全体として「水平総合の知」×「垂直統合の技術力」を活用することに他ならない。**

事例　産業人材の確保・育成

　総人口減少社会、生産年齢人口の減少社会では、従来型の「雇用の創出政策」ではなく、人手不足に対応した「産業人材確保・育成」が政策課題になる。静岡県は、「産業人材確保・育成プラン」を取りまとめることとし、その際の基本方向を4点掲げた。

　・県内産業の成長を担う人材の確保

　・高度な知識と技術を持つ人づくり

　・誰もがいきいきと働ける環境づくり

　・郷土を担う子供の「生きる道」としての仕事を学ぶ環境づくり

　このうち、4本目の柱である「郷土を担う子供の『生きる道』としての仕事を学ぶ環境づくり」は、中学生までの家庭教育や学校教育、地域社会との関わりに大きく影響する。そこでの論点は次のようになる。「次代を担う子供たちには、地域の産業に携わり、地域の発展と活性化に大きな役割を担ってもらいたい。そのためには、社会各層で人づくりに取り組み、学校教育をはじめ社会全体で郷土を愛する心を育んでいくことが大切。加えて、地域を支える仕事の力と職業倫理について理解を共有する必要もある。武士道、商人道などといわれるように、富士山のような高い志を持ち、生きる道としての仕事を究めることの大切さを子供たちにどのように伝えていくか」。

　このプランの担当部局は、静岡県でいえば、経済産業部就業支援局である。しかし、4本目の柱が経済産業部だけでは実現できないことは明らかだ。

　働く人が集まらない理由は、雇用条件のほか、住環境、教育・子育て環境、文化力、地域への愛着度などが影響する。これには、県の組織として、交通基盤部、くらし環境部、文化観光部、教育委員会などが関係してくるし、市町、学校、経済界、地域社会などの様々な組織・団体の行動も必要となる。

　多くの社会問題の解決方法の検討に当たっては、総合行政機関という地方自治体の特徴を活かして、どうやって地域ぐるみ、社会総がかりで実現するかを考え抜く必要がある。

第6章　分野別の技術力　　235

> **column**
> ## 人も「たこつぼ」に入りたがる

　総合行政機関である県庁でも、人事異動により複数の部門を経験しているにもかかわらず、その部署に配属されると、「たこつぼ」に入りたがる者が多い。その方が楽だからだろうか。

　しかし、社会の複雑な問題は、"たこつぼ型組織"では解決できない。地方行政組織においては、「たこつぼから出よう」という個人の意識改革（内面の変革）とともに、たこつぼから人を引っ張り出して連携を進める仕組みという組織づくり（外形の変革）が大切になる。

　また、「たこつぼに入る」を容認すると、不祥事が生じやすい。自分自身の経験上、大きな組織の中の特殊な業務分野の小さな組織で不祥事が何度か生じた。目の届き難い小さな組織はできるだけつくらないことが肝要である。

---

　⑲**若いときに結果を出した者の多くが上級管理者に育つと思っていませんか？**

　組織は、次のような経営管理者を抱えるリスクを冒さないようにしなければならない。活力のない凡庸なサラリーマン根性の経営管理者、国民・市民の利益のためではなく自分自身の利益のために働く経営管理者、そして挑戦やリーダーシップ、ビジョンを欠き、偏狭で真摯さに欠けた経営管理者だ。(注1)

　必要なのは、中間管理者、優れた上級管理者（大局観があり、戦略を描き、新たな価値を創造できる、あるいは決断できる者。次の時代の人材を育てることができる者）を育てることである。

　比較的若いときに、比較的狭い範囲で、組織の力を利活用しつつも、個人の力によって優れた結果を出してきた人なら、優れた上級管理者に

育っていけるのだろうか。上級の管理者になればなるほど、自身だけでなく、組織の技術力を高め、活かすこと、次の時代の人材リーダーを育てることが重要な役割となる。ただ、個人技としての技術力と組織のマネジメント力は別物である。組織のマネジメント力という技術力を実務家公務員がOJT以外で体系的に学ぶことはほとんどない。OJTは有効であっても、それだけでは組織内の知見の伝承に過ぎず、改革・イノベーションにつながりにくい。異なる組織の事例やその分析を体系的に学ぶ必要性は高いはずだが、行政組織ではほとんど行われていない。

上級管理者を目指すのであれば、それを意識した特別の努力が各人に求められ、組織もまた、希少資源といえる上級管理者を育てる意識を持った特別の取り組みを要する。

地方自治体では、経営管理者（管理職）になる年齢が遅い。静岡県では本庁の課長、局長、部長になるのは早い者で49、54、57歳くらいだろうか。管理職になる前の長い期間、上からの指示待ち状態にいると、課長になって主体的に政策、施策を考えよ、次の時代の経営管理者を育てよ、と言われても限界がある。

地方の行政機関においては、優れた経営管理者を育てる意識をもっと高めたい。若いときから狭い分野でよいので、ビジョンを描かせ、問題解決のための決断をさせてみる、あるいは特別なプロジェクトのチームリーダーとして任命し、結果を出させてみることが必要である（64参照）。(注2)

（注1）P.F.ドラッカー著「新訳現代の経営（上）」（ダイヤモンド社）の以下の記述を参考にした。
・経営管理者は、企業にとって、最も基礎的にして最も稀少な資源である。（p164）
・働く人たちの姿勢は、何にもまして経営管理者の行動を反映するからである。彼らの姿勢は、経営管理者の能力と構造を映す。（p165）
・これらの領域をなおざりにするならば（中略）活力のない凡庸なサラリーマン根性の経営管理者、企業全体の利益ではなく自分自身の利益のために働く経営管理者、そして挑戦やリーダーシップやビジョンを欠く、偏狭で真摯さに欠けた経営管理者を抱えるリスクを冒すことになる。（p91）
・CEOは、（中略）経営管理者に対し、事業を全体として見るよう教え、事業全体の目標から自分の目標を導き出すことを助ける。そしてそれらの目標に照らして、彼らの

仕事ぶりと成果を評価測定する。さらに、必要に応じて事業の目標を点検し、修正していく。(p248)

(注2) 国の機関においては、若手の時には活躍していたが、40歳を過ぎて中間経営管理者になると活躍できなくなり、まして上級経営管理者としては不適格という者も少なくない。それでも国の機関では少数ながら優れた上級経営管理者が育つ。それは、若くして、ビジョンや政策立案、関係者との調整を主体的に行う機会を与えられているからと思われる。

column

スペシャリストとゼネラリスト

「水平総合の知」×「垂直統合の技術力」の必要性を述べてきたが、誰もがこの掛け算による大きな四角形となる知や技術力を同じように持つべきと言っているのではない。

垂直統合の技術力を持ったスペシャリストも(できる限り)水平総合の知を持ち、ゼネラリスト(注)も深みのない「水平総合の知」だけにならず、(できる限り)垂直統合の技術力を持てればよい。

行政組織の性格によって、ゼネラリストとスペシャリストの比率は当然異なる。それぞれの組織において、どういう人材を育てるべきかを意識することが肝要である。

(注) 一般にゼネラリストは、"組織の管理運営や経営全般に関する専門家"とされることが多い。それは、本質的には(経営管理の)スペシャリストであって、ゼネラリストと呼ぶべきではない。

---

⑩上から与えられた目標と業務を実行するだけの組織文化になっていませんか?

社会の複雑な問題を解決し、新たな価値を創造するためには、自分の属する組織と組織外の組織、個人と多様な個人の連携が必要だろう。そのためには、これまでのような、

　　トップ:目標を明示する。目標を組織内で共有する

組織のメンバー：それぞれが役割に基づいて実行する
という形の組織では、短期的には結果が出ても、中長期的には思考や取り組みが狭い範囲に固定化したり偏りが生じやすくなったりして、新たな価値を創造しにくい。

　これからは、
　　トップ：目標を明確にする＋目標への共鳴共感と意欲を引き出す
　　組織のメンバー：一人ひとりが、与えられた目標の実現に貢献でき
　　　　　　　　　るよう自分の役割を果たす
　　　　　　　　　　　　　＋
　　　　　　自らも主体的にビジョンを持つとともに、組織内外の交流
　　　　　　を通して多様な考え方や技術の存在を知り、積極的にそれ
　　　　　　らを取り入れ、連携を働きかけ、トップが思いもよらな
　　　　　　かった問題解決や新たな価値を創造する
このような組織づくりとトップの考え方が必要である。

　ここで言うトップは、ある組織（部・局・課・係・班）のトップである。

　実務家公務員は、ある組織のトップ（室長、課長、部長…）ではあっても、必ず上司がいて、将来もその組織内では最後までNo.2（大臣、首長がNo.1）である。従って、自分の「考え方」だけで組織を動かせるわけではなく、上司の同意を要する。

　No.2は、もちろん、No.1の考え方を尊重すべきだが、実務家として、上司の考え方に影響を与えることはできる。指示待ちではなく、どうすれば自分が、上司あるいは組織全体に良い影響を与えることができるかを考えたい。(注1)

　与えられた目標以上の新たな価値を創造できる組織文化と人をつくること、自分自身がそういう人になることが重要である。(注2)(注3)

（注1）P.F.ドラッカー著「新訳現代の経営（上）」（ダイヤモンド社）の以下の記述を参考にした。
・経営管理者とは、その定義からして、自らの率いる部門がその属する上位部門に対

し行うべき貢献、そして究極的には、企業全体に対し行うべき貢献について責任を持つ者である。(p192)

・機能別部門の経営管理者が、企業への貢献ではなく、技能の専門家としての基準によって、自らの仕事を評価しているケースがあまりにも多い。彼らは部下に対しても、専門的な技能を基準として評価し、報い、昇進させようとする。(p183)

・単に優れた組織と、卓越した偉大な組織を分けるものは、仕事が要求するものを超えて貢献しようとする人たちの意欲にある。そのような範となる人たちを持つ組織は、幸運である。(p233)

(注2)「人は消極的に悪事をなさぬというだけでは、物足りないのである。積極的に多く善事をなさねば、人たる価値はない。悪事をなさぬだけで善事を行い得ぬ人ばかりでは、世の中の進歩はできない。」「渋沢栄一訓言集」処事と接物より (http://blog.livedoor.jp/shibusawaken/)

(注3)「コンプライアンスが会社や社会をつぶす」との警告がある。コンプライアンスは当然であり、コンプライアンスばかり追求している組織では「新たな価値の創造」は生まれにくい。

column
偉大なるイエスマン

かつて「偉大なるイエスマン」を自称する政治家がいた。尊敬するカリスマトップのもと、その指示に対して「はい、分かりました」と実務を忠実にこなすことは幸せなことである。

一方、「保身のイエスマン」や「楽をしたいイエスマン」もいる。彼らは上司の指示が間違っていると思っても、あるいは自分の考え方とは異なると思っても反論しない。そうすると上司からは「あいつはいいやつだ」となる。本人は「自分は昇進してやりたいことがある。ここはガマン、ガマン」で心の安寧を保つ。

また、「柳のイエスマン」もいる。これは、やりたいこと（気概）があるので「少々の風は受け流す。しなやかで強風にも決して折れない」タイプ。

筆者の場合は、イエスマンではなく、自己主張が強すぎたようである。面子やプライドをつぶされて、「あいつだけは許せない」という人が何人もいるようだ。反論するにももっと上手なやり方があったと反省している。

㉖口頭による方針伝達ばかりしていませんか？

「技能」に属するような事項であるが、重要事項なので記しておきたい。

地方自治体においては、とにかく取り組み方針を文書化することなく、KKOの取り組みを口頭の指示で進める者が多い。この場合、次の3つの問題が生じる。

ⅰ）理解速度

口から出た言葉を耳から聞く場合は、最後まで聞いてはじめて内容の全体像が分かる。また、聞くスピード（すなわち話すスピード）と、文書を読むスピードを比べると圧倒的に読む方が早い。かつ、文書なら、全体像を捉えやすく、その上で注意すべき点などの説明を聞くと、より早く高いレベルで内容を理解できる。

ⅱ）聞き手の勝手な解釈

言葉による方針を耳から聞いた者は、それを自分なりに（無意識に勝手に）解釈する。それを他者に伝達し、また別のその人なりの解釈が入る。こうして方針はあいまいになり、それぞれの人が思い思いの方向に走る（すなわち、組織の構成員の「考え方」（走る方向）が一致していない）。

ⅲ）話し手の論理のあいまいさ

口から出た言葉は論理に飛躍があってもきっちり説明した気になる（自分の言い違いに他者から指摘されるまで気付かないのがその典型）。しかし、紙に書くと論理の展開が平面上に全体として明示されるので、論理の飛躍を発見しやすい。

ⅳ）伝わる範囲

直接、話（指示）を聞いていない人には方針が伝わらない。文書であれば、メールで瞬時に多くの人に伝わる。

トップは、組織の方針・考え方、メッセージを文書化して明示し、関

係者間で共有するよう努めるべきだ。また、後任者への引き継ぎも、文書をもってきっちり行うことが重要である。これがないと、後任者は前任と同じところで悩みつまずくことになる。

事例　農産品の認証取得の促進の取り組みについて

部長：農産品の認証取得の促進についての政策・施策を説明してほしい。

担当課長：県独自の認証制度があるが、それは農水省のガイドラインに準拠した制度となっていない。まず、これを改めるため、県の制度を変更する。そして新制度の取得を生産者に働き掛ける。

部長：その方針は初めて聞いたが、いつ誰が決め、関係者間でどう共有しているのか。

担当課長：紙に書いたものはない。日頃、課の中でその方針を示している。

部長：それでは、県がどういう方針で進めるかを承知しているのはほんの数人ではないか。出先機関の人は知らないし、まして生産現場の人は知らない。それで、どうやって多くの人に認証の取得を呼び掛けていくのか。

㉒業務の効率化ばかりを追求していませんか？

　図に、「組織における仕事の効率化や目標・効果の明確化」が個人や組織の新たな価値の創造力にどう影響するかを整理した。(注)

　「新たな価値の創造」が役割の部門に、価値の創造ができない人、あるいは効率化という内部管理に過度の価値をおく人を配置してはいけない。**業務の効率化ばかりを求めると、個人の創造力や構想力を低下させ、良い結果が出ない恐れが大である。業務の効率化もほどほどにしなければいけない。**

　新たな価値を創造し続けることのできる組織とするためには、次の3つが有効である。

- ・一人ひとりに「新たな価値の創造」が仕事と意識付けする
- ・多様な他者・他組織との交流によって多様な価値観・知・技術と接すること、協働、オープンイノベーションを推奨する
- ・新たな価値づくりの小さな成功体験を推奨する

(注) このような整理をした文献は多くある。ここでは、それらを参考にし、整理を試みた。

第6章　分野別の技術力　243

過度の効率化は組織と人の創造力を低下させる

組織における仕事の効率化 目標・効果の明確化の方法

- トップダウン型（命令型）
- 手順の標準化 マニュアル化
- 分業化 専門化
- 生産現場・実務組織の努力 ※1 個人の勤勉による プロセスイノベーション
- 業務目標と責任の明確化 と業績評価

個人の創造力／構想力への影響

- 指示待ち（上から与えられた目標と業務を忠実に実行する）
- 思考停止、思考の固定化 前例主義
- 部分最適・短期的最適
- リスクの回避 フォアキャスティング 手堅い目先思考 ※2

組織の新たな価値の創造力への影響

- ビジョンがつくれないため、大変化に弱い
- 新しい価値（新製品、サービス、社会的プラットフォーム）がつくれない イノベーションが生まれない
- 経営管理者が育たない

↑ 時代の大変化

解決策

新たな価値を創造し続ける組織へ

- 一人ひとりに「新たな価値の創造」が仕事と意識付け
- 多様な他者・他組織との交流（多様な価値観・思い・知・技術と接する）協働・オープンイノベーション
- 新たな価値の創造の小さな成功体験（とにかく動いてみる。楽しい）

→実践を通じた検証・しきの組織内での共有
→新たな組織文化へ

※1 日本の産業競争力の強みとされてきたもの。技術系公務員組織も同様。新入職員を比較的狭い専門範囲の中におき、勤勉な人間なら誰でも練度が上がり、競争しながら増進していく。短期的な定期異動により思考停止や不正を防ぐ。

※2 日本の弱みとされてきたもの

| 参考 | 働き方改革の構造と本質……「生産性を高めるマネジメント」と「ストレスを減らすマネジメント」 |

働き方改革の構造は、ⓐ組織文化・個人の意識の変革、ⓑ人事・勤務制度、組織構造の変革、ⓒ仕事の仕方の変革からなる。図に示すように、それぞれは独立しておらず、相互に関係する。ⓒは、ⓐ、ⓑの影響を受ける。ⓐ、ⓑを固定したまま、ⓒにおいて過度の効率化を求めてもよい結果はでない。

ⓐ 組織文化・個人
の意識の変革

ⓑ 人事・勤務制度、
組織構造の変革

ⓒ 仕事の仕方の
変革

ⓒの1つである"残業の削減"は働き方改革の外形にすぎない。本質は、"職場の労働生産性の向上によって、残業しなくても（より少ない時間の投入で）目指す成果を挙げるための方策の改革"にある。残業時間の上限を求めるという「出口規制」はもちろん重要だが、本質は「生産性を高めるマネジメント」であることを忘れてはならない。日本では、それをしばしば人の努力（勤勉や個人の工夫）に頼ってしまう。重要なのは、労働生産性を上げる組織的な仕組み・システムと、個人の技術力を高める具体的なシステム・方法だ。

同時に、働き方改革のもう1つの本質は、「ストレスを減らすマネジメント」にある。

ストレスには肉体的なものと精神的なものがあり、両者は相互に関係する。残業時間を減らしたことによって過度の効率化等が生じ、それによって通常勤務時間の負荷が高まり、精神的ストレスが増えては意味がない。

第6章　分野別の技術力　245

> ㉖組織編成の変更によって、組織と人の意識と自立性の変革をし
> ていますか?

ⅰ) 組織の構成と名を変えて、意識を変える

　先に述べたように、「新たな価値の創造」の時代、そして「共創」の
時代では、これまでの仕事のやり方を変えなければいけない。最も重要
なことは、その組織文化と組織に属する人の"意識の変革"である（㉖
「参考」を参照）。意識改革の有効な方法の1つとして、"組織の名前を
変える"ことがある。「形式的」と思うことなかれ。意外に有効だ。

事例　「市街地整備課」から「景観まちづくり課」へ変更

　静岡県交通基盤部の「市街地整備課」は、部や局の名前は変わって
も、同じ名前が1991年から続いてきた。

　しかし、市街地整備は、景観づくりやまちづくりの手段に過ぎない。
課の名前のせいだけではないが、職員は「ものづくり」で終わり、地域
ぐるみの「景観づくり」「まちづくり」の意識が弱かった。

　このため、「景観まちづくり課」と組織名を変えることによって、「皆
さんの仕事の目的は市街地整備ではなく、地域ぐるみで景観づくりやま
ちづくりをどう進めていくか」ですよ、というメッセージとした。この
効果は大きい。

ⅱ) 部局横断的なプロジェクトチームをつくる

　社会の問題が複雑となり、ある特定の部門が、ある施策をすれば問題
解決ということはまずない。一方、中央省庁は縦割りである。総合行政
機関である県庁の組織も、ほとんどの県の場合、縦割り型ピラミッド型
の組織となっていて、組織間の連携が弱い傾向がある。連携しようとし
てもそれぞれの組織で上司の了解を取る必要があるので、意思決定に時
間がかかる。かといって、ピラミッド型組織を全面的にフラット型組織

に変えるには、また別の問題が出てくる。

　地方行政機関の場合、現在の人事制度から見て、重層的階層組織にせざるを得ない。その中で、総合政策力×現場力を活かす組織・チームづくりが求められる。

　その解決策の1つが「部局横断的なプロジェクトチーム方式」である。ピラミッド型組織を前提として、プロジェクトの目的と内容に応じて柔軟に人を集めてチームを編成し、チーム長に権限を持たせ、自立的に仕事ができるようにする。組織階層はフラットになり、"自立性"と仕事の質が高まり、決断のスピードは大幅に向上する。

iii）出島（特区）をつくる

　新たなチャレンジをするチームをつくるときに、大きな部局の中にそのチームを置くと、その部局の管理者はそれを自分の管理下に置こうとする心が働きやすい。さらに、「失敗しない」ために、石橋を叩こうとして、帰納法的発想でヒアリングや調査に時間を費やした揚げ句、確証が得られない、と結論付けがちとなる。こうして、出る杭や芽はしばしばつぶされてしまう。これを防ぐには、例えば知事直属の形で、自立性のある出島をつくることが有効である。出島には様々なアイデアを持った人が集まり、オープンイノベーションが起きやすい。

　ただし、出島が治外法権となってはいけない。卵を産み、ヒナを育てるところまでは出島でよいが、それを育て事業化する体制は、暴走を防ぐガバナンスがある別のものを考える必要がある。

iv）組織の外に新しい島をつくる

　組織内に、良い人材がおらず、自由な活動ができる別形態の組織もつくれない場合は、できないことを無理に行うのではなく、組織外に、一定の統治の下、自治権のある島をつくることが有効だろう。

　例えば、観光のインバウンド振興には、マーケティング／マネジメントのプロ集団が必要だが、行政組織内では人材が少ない。この場合、県庁の組織とは別の島を設ければ、人材を集め、そこに適した組織経営を行うことができよう（例：観光におけるDMOの設置）。

| 参考 | ピラミッド組織かフラット組織かではなく、ピラミッド組織から自立組織へ（「組織改革　創造的破壊の戦略」高橋俊介著 東洋経済新報社より抜粋） |

　ピラミッド組織とは一般的に、数多くの階層がきわめて硬直的に積み上がっている組織であり、それに対しフラット組織は階層の数が少ない組織であると理解されている。しかし、今の時代に本当に変革が求められているのは、階層の数よりも、組織の自立性の問題である。組織の自立性が高まらなければ、無理に階層を減らしても混乱を引き起こすだけだ。（中略）どんな組織でもある程度組織階層は必要である。自立組織になれば必要な組織階層の数は結果として減ることになるが、むしろ数が減るというより階層が柔軟化するといった方がより本質的だろう。つまり、ピラミッド組織からフラット組織へではなく、ピラミッド組織から自立組織への変革が求められているのである。

　ピラミッド組織においては、（中略）WHAT を構築する上層部の一部エリート、HOW に分解する中間管理職、指示どおりに DO を行う平社員という形で階層が分かれ、WHAT、HOW、DO が階層によって分業で行われるところにピラミッド組織の最大の特徴があった。階層の数もさることながら、この分業的な性格がより強ければ強いほどピラミッド的な組織であるといえた。

　これに対して、仕事の第一線に位置する小単位の組織において、場合によっては個人単位のレベルで、WHAT・HOW・DO・CHECK のサイクルが回っていくのが自立組織である。自立的に WHAT を構築し、サイクルを回していく度合いが強いほど、組織の自立性は高い。

　第一線での組織の自立性が高まれば高まるほど、上から下への統制が減るため、結果として組織階層の数は少なくてすむようになり、フラットになる。とかく、組織改革というと、組織図上の階層をフラットにすることが目的化しがちだが、本質的には組織の自立性を高めることを目的とすべきであって、結果的にフラット化すると考えるべきなのである。（同書 pp.23-25）

　（注）この組織の自立性が、⑩で述べた「上から与えられた目標以上の新たな価値を

創造できる組織文化をつくる」ことにつながる。

> **⑥知を探索し、知の総合プロデュースができる技術統括責任者
> （CTO）を置いていますか？**

　科学技術政策には、科学技術力を用いた"産業の発展による経済活性化"と、"科学技術による社会問題の解決"（例えば、過疎地における自動運転車の導入による交通弱者問題の解決など）という2つの側面がある。

　今後どのような科学技術力をどのようにして伸ばしていくべきかは、国にとっても地方自治体にとっても重要な政策決定である。

　今や科学技術の世界では、オープンイノベーション、すなわち問題解決や新たな価値の創造のために多様な知を集める取り組みが進む。最先端の科学技術動向を含む「水平方向の知の探索」を常に行いながら、多様な知を集め、「垂直統合の技術力」をもって、実際の現場に適用していく全体像を描くという「科学技術の社会実装の総合プロデュースの力」への期待が高まっている。

　しかし、ほとんどの人は日常業務に追われ、それをこなすことに精いっぱいで、「水平方向の知の探索」を行う余裕はない。

　技術系の実務家公務員は、例えば同じ土木系でも、道路、河川、港湾などの専門分野があり、垂直統合の技術力を高めていける環境にある。これは重要なことだが、垂直統合の技術力で成果を挙げる実務家技術者に対して、常日頃から産業動向や科学技術の動向までも広く探索するよう求めることは無理があるだろう。知の探索と知の総合を行う時間的余裕のある職責を置き、そこに能力のある人材を置くことを検討すべきではないか。

　国の多くの省庁で、技監や技術総括審議官といった職を置いているが、地方自治体の中でも、県のような大きな行政組織においては、最高技術責任者あるいは技術統括責任者（CTO（注1））を置くことが必要な

第6章　分野別の技術力　　249

時代を迎えている。もちろん、それが、処遇のためのポストであっては
意味がない。(注2)

(注1) CTO：Chief Technical (or Technology) Officer。⑳の事例で述べた「相乗効果」は、CTO の役割の1つといえる。
(注2) 科学技術の急速な進展は、社会問題の解決に貢献する一方、AI（人工知能）が人の仕事を縮小するという例のように人々の暮らし方や働き方に大きな影響を与え、場合によっては社会に不安をもたらす。CTO はこのような科学技術がもたらす社会への影響についても敏感であるべきである。

第**7**章

年代別で心掛けること

> ⑥20代で心掛けること：水平、垂直両方向で、地道に広がりと
> 深みを付けていこう。

　20代では、もちろん個人差はあっても、一般に、

　　「知識」：小〜中、「人間力」：小〜中、「問題解決力」：小のレベル
ではないだろうか。仕事の範囲が狭く、経験知の蓄積が少ない。そし
て、垂直統合の技術力も身に付けていない。行政特有の複雑な問題に対
する解決力はまだ発展途上である。20代は、**何でも吸収すべきときで、
経験知は自然に増えてくる。**特に以下のようなことを習慣（癖）にした
い。

　ⅰ）論理的に思考する。なぜ？なぜ？の連鎖。ただし理論、論理を振
　　　りかざさない

　ⅱ）問題の所在や課題を発見する（すでにある政策や施策・制度を自
　　　分なりに評価してみる）

　ⅲ）（相手の表層の反応に対して）どうしてそう反応するかの根底
　　　（心理・行動原理）を考えてみる

　ⅳ）上司の指示には従った上で、その指示が問題解決方法として適切
　　　か分析してみる（行政の判断において「正解（正しい方法）」があ
　　　らかじめ明確に分かることはほとんどない。「より適切だと思われ
　　　る方法」を選択していく。自分なりにその判断の評価をしてみる）

　ⅴ）（小さくてもよいので）常に政策・施策提案を考えてみる（上か
　　　らの指示待ち人間にならず、新しい価値の創造の意識を持つ）

また、地方自治体の職員には、若いときに他の組織（国や民間企業など）で経験を積んでもらい、違う「ものの見方」の存在を体感してほしい。

column
私の入省1年目

　筆者は運輸省へ入省1年目、新潟にある地方支分部局（第一港湾建設局。現北陸地方整備局）の企画課に配属された。以下はその時の会話。

課長：今、起きている原因は○○だ。

1年生：それはおかしいと思います。原因は△△だということは明らかです。なぜならば理論的にはこうだからです。課長は△△理論を知らないんですか。

課長：現場経験のない君に何が分かる。現場は理論通りにはいかない。

　その後の詳細検討で、1年生の原因分析は、たまたまその理論が適用できる条件がそろっており、結局正しかったのだが、このような1つの理論で原因究明や問題解決ができるのは極めて稀なことである。この1年生は、課長に仕事上で多大な迷惑を掛け続けた。（M課長、お世話になりました）

> ⑥30代で心掛けること：小さくてもよいから、社会がうまく回る仕組みをつくってみよう。

　実務家公務員としての経験も10年となると、仕事の進め方、組織文化、社会の反応など、いろいろなことが見えてくる。そして、**いろいろなことを自分が主導して動かせる可能性も出てくる**。その際には、次のことを心掛けてはどうだろうか。

ⅰ）小さくてもよいから、社会がうまく回る仕組み（プラットフォームや社会システム）をつくる

仕組みとは、新しい制度、協働体制の構築（課題解決の場の設定）なども含まれる。それが40代、50代で自ら大きな仕組みづくりを行うことにつながる。(注)

ⅱ）ときには上司をうまく動かしてみる

この頃は、上司が階層的に多数いる。多くの上司をうまく動かさなければ、自分のやりたいことはできないだろう。

そこで、上司を立てつつも、ときには実質は自分が動かしている、と思えるような行動を試してみよう（…を「やらされている」人にならないこと）。

(注) IT関係では20代、30代前半で大きなビジネスのプラットフォームをつくることができる。行政では、複雑な社会問題への対応のための困難性もあり、若くして大きな社会システムやプラットフォームをつくりにくいが、小さなプラットフォームならばつくることができる。いや、このような考え方がもう古いのだろう。若い世代のイノベーションに期待したい。

column
私の30代

30代の後半では、小さいが、多くの制度や仕組みをつくることができた。これには、30代前半の経験が大きい。(注)

30歳のとき、在パナマ日本大使館で3年間勤務した。小さな国（人口200万人）に、様々な人種、経済状態の人が住んでいる。そこで「考え方」「ものの見方」の多様性を日常の中で体感した。無理してかなり値段の高い住居に暮らした。オーナーはユダヤ系の資産家で、家の中はまるで美術館。自分とは価値観が全く異なる。一方で、通いのメイドさん（給与は1日5ドル／5時間）は経済的には恵まれなくても、いつも明るく楽しそうだった。幸せとは何かを考えさせられた。また、旅行も価値観や文化の多様性を知るよい機会となった。独自の文化を守っている

カリブ海の小さな島やペルーの山奥にも出掛けた。

仕事では、大使館での電報書きが勉強になった。ほぼ毎日電報を書き、それを大使が添削してくださる。徹底的に文章を直され、ときには、"誰が何を"の、「が」と「を」しか原案から残っていないこともあった。君の文章は「が」と「を」以外は全く使えない、という厳しいメッセージだった。添削後の内容は簡潔で分かりやすい。加藤淳平大使には大いに感謝している。

第2パナマ運河のルートを検討するための日本・米国・パナマの国際委員会の仕事にも関わった。そこでは、プロジェクト評価のために費用対効果分析などが行われていた。これが、後に、公共投資の費用対効果分析の導入の提案につながる。

1989年12月に発生した米国のパナマ侵攻では、市内で戦闘があった。戦闘は夜始まり、我が家の近傍でも銃弾などが飛び交った。国際空港は閉鎖されたが、欧州のある国は、専用機で人道援助の（わずかな量の）医薬品を提供するとの理由をつけ、着陸許可を得て帰りは多数の同国人を搭乗、帰国させた。また、パナマ軍が警察を兼ねていたため、侵攻による軍の崩壊で、警察力が失われ、略奪が多発した。各マンションでは住民が協力して自警団を作った。住民が自宅にあるマシンガンを持って警備に当たり、銃の扱えない日本人は見張り役となった。各国の対応を含め危機管理について多くを学んだ。

（注）もちろん、このような取り組みができたのは、比較的若い世代の提案を歓迎してくれた旧運輸省の組織文化があったからである。

> ⑥⑦40代で心掛けること：自分の「考え方」を自己評価してみよ
> う。自分は何を改め、何をどうやって学ぶべきかを考えてみよ
> う。

　仕事で、それなりの成果を出し、昇進し、責任も大きくなった。責任
が大きくなったということは、自分の「考え方」が、組織の仕事の成
果、社会へ与える影響がより大きくなったということである。

　これからは、ますます自分の「考え方」の影響度が大きくなる。そこ
で、自分の考え方を自己評価してみる。反省すべきこと、見直すべきこ
とは必ず見つかる。

ⅰ）KKOを部下に押しつけるなど、リーダーとして間違った方向に組
　織を引っ張っていないか

　経験知が増え、成功体験が増えると、自らの経験・体験に固執するあ
まり、根拠なく自分を高く評価し、新しいことを受け入れられなくなる
人がいる。また、自己満足して、自分は正しい、できる人と思い込み、
KKO（勘・経験・思い付き／思い込み）を部下に押し付けがちとな
る。しかし、社会や環境は近年大きく変化し、今後ますます変化する。
従来のやり方だけではもはや通用しなくなる。

ⅱ）自ら課題を発見したり、価値を生み出したりしてきたか

　実務家公務員の仕事は、「定型／日常型業務」「社会問題の解決」「新
たな価値の創造」の３つ。これまでの仕事で、自分から主体的に何かを
生み出したかを自問したとき、上から与えられた問題を、チームの力を
借りて解決したに過ぎないと気付くのではないか。あるいは、新たな価
値を創造したことなどは稀だったと反省するかもしれない。

ⅲ）部下が生き生き、伸び伸びとしているか

　これは、「こんな上司の下ではやってられない」という上司に自分が
なっていないかの確認となる。(注) 若い世代は社会環境の変化に敏感で
ある。この人たちが生き生き伸び伸びと動いてこそ、イノベーションが
生まれる。ただし、放任で単に優しいだけの上司であってはいけない。

第７章　年代別で心がけること　255

それでは「のんびりと草を食む」あるいは「勝手にバラバラに行動する」人たちをつくりかねない。

　（注）かつて私の部下も少なからず「こんな上司の下ではやってられない」と思っただろう。この項は自省を込めている。

column
私の40代…新たな海辺の文化の創造研究会

46歳のとき、旧運輸省港湾局海岸企画官に就いた。これが人生の大きな転機となった。それまで、経済合理性を追求してばかりだったが、このころから「文化力」を考えるようになった。

ある時、瀬戸山正二さん（元ビーチバレー・オリンピック日本代表、日本代表監督）から、「日本はなぜ海開きをやるんでしょう。ビーチは一年中みんなに開かれているのに」と言われた。(注1) 当時、旧運輸省や旧建設省などが、「海岸法」に基づいて、全国の海岸の管理行政を担っていた。1956年に策定された海岸法は、津波や高潮から人命や財産を守ることを海岸管理の主目的としていたが、1999年に、「防護」「環境」「利用」の調和した総合的な海岸管理制度へ向けて改正された。

しかし、法改正後も、「利用」については、夏の期間の海水浴ばかりが意識されていた。このことが、瀬戸山氏の指摘の背景にあった。

このため、旧運輸省は、川勝平太 国際日本文化研究センター教授（当時）を座長とする「新たな海辺の文化の創造研究会」を設置し、その中に「里浜づくり研究会」「海辺の自然学校研究会」「ビーチスポーツ研究会」を置いた。ここで、筆者が、川勝平太氏にお会いできたことは僥倖であった。

里浜づくり研究会では、「里浜」という概念を導入し、里浜づくりを促進する社会システムづくりを提言した。（「参考」を参照）ビーチスポーツ研究会では、ビーチスポーツ振興の意義を明らかにし、ビーチバレーを代表例として多様なビーチスポーツの振興を通じた海辺の利用の促進方法などを提言した。(注2)

（注1）2002年、瀬戸山氏らは、日本ビーチ文化振興協会を設立し、同氏が初代理事長となった。2004年には、特定非営利活動法人（NPO法人）となり、現在は朝日健太郎参議院議員（元ビーチバレー・オリンピック日本代表）が理事長を務めている。
（注2）里浜づくり研究会の座長は、磯部雅彦東京大学大学院教授（当時）。

| 参考 | 里浜づくり宣言 |

　国土交通省が設置した「里浜づくり研究会」は、2003年5月、以下の里浜づくり宣言を発表した。「浜」をコモンズと捉え、「海辺と人々のつながりを回復する」という言葉は、開明的ではないだろうか。

里浜づくり宣言

　かつて浜は、貝を採り、海藻を拾い、生き物を見つけたり、散歩し、海を眺め、精神的な開放を得たり、遊び、集い、伝統的な祭りを行うなど、人々の暮らしの中にしっかりと位置付けられた地域の共有空間でした。

　しかし経済発展や人口増大に伴い、わが国の海辺は大きく変容しました。

　戦後、特に、我が国は、高潮、津波によって毎年のように甚大な海岸災害を被りました。そのため、防災を最優先の課題と考え、海岸線に堤防や護岸を築き、それにより、高潮や津波による脅威を軽減することができるようになりました。しかし、その反面、これらの施設整備とあいまって、海辺の景観は一変し、供給される土砂の減少などにより浜は痩せ、ゴミの散乱など環境も悪化し、海辺で培われた文化も失われていきました。こうして、海辺と人々とのつながりは希薄になってしまったのだと思います。

　この反省にたって、近年では、海辺の利用と環境に配慮するために、親水性や美しい景観、豊かな環境を海辺の重要な特長として捉え、これらの特長と防災機能の両立を目的とした整備が行われるようになりました。しかし、かつてのように人々の暮らしの中に海辺が再び身近になったとはいえません。

　なぜでしょうか。

　私たちは、その原因について、今行われていることが、いろいろな工夫や配慮がなされているにしても基本的には従来のようなものづくり中心の対策になっているからではないかと考えました。

　では、どうしたらよいのでしょう。

　私たちの提案は、「日本の海辺を良くするには、何よりも海辺と人々のつながりを回復することから始めなければならない。」ということです。既に、各地で海辺と人々のつながりの回復に向けた取り組みが始まっており、これらを具体的な成果として結実させていく運動や各種の取り組みが必要です。

　私たちは、ここに「里浜づくり」の推進を宣言します。

　「里浜」とは、多様で豊かなかつての「海辺と人々とのつながり」を現代の暮らしに適う形で蘇らせた浜のことです。また、「里浜づくり」とは、地域の人々が、海辺と自分たちの地域のかかわりがどうあるべきかを災害防止のあり方も含めて議論し、海辺を地域の共有空間（コモンズ）として意識しながら、長い時間をかけて、地域の人々と海辺との固有のつながりを培い、育て、つくりだしていく運動や様々な取り組みのことです。

　この宣言は、里浜づくりを進めていこうとする私たち自らの決意を表すと同時に、国民各層に里浜づくりへの参加を呼びかけるものです。海辺に対する地域住民の関わり、専門家の役割、国や地方自治体の海岸行政について、関係者の意識の転換を迫るものであります。この宣言が契機となって、里浜づくりが広範に展開され、全国各地に、地域の人々によって、豊かで美しい海辺が復活し、人々が海辺の豊かな文化を享受しながらいきいきと暮らす日が来ることを、また、このような海辺と文化が後世に伝えられ、島嶼国日本を象徴する海辺として美しい国土を形作っていくことを強く願います。

2003年5月　　　里浜づくり研究会

> ⑱50代で心掛けること：実務家公務員として残り10年を切っ
> た。社会、組織、後輩に何かを残そう。

50代になると、何らかの形で組織のリーダーになっているであろう。
そこでは、自分の役割も変化している。ここでは、**心掛けることを5
つ挙げたい。**

ⅰ）自分の役割を自己点検する

行政組織の場合は、この頃になると自分の適性と将来が見えてくる。
そこで、残り10年で、自分はどのような形・分野で社会に貢献できるか
を自己点検してみる。改めるべきところ、新たに必要となることを自覚
し、成長することを心掛ける。

ⅱ）組織の色に染まり切っていないか自己点検する

長く組織内にいると、組織文化に染まり、誰もが同じ発想や行動を好
みがちとなる。そこでは独創性が乏しくなり、組織の戦略・戦術の誤り
に気付きにくくなる。たこつぼ入りや井の中の蛙になっていないか自
己点検したい。

ⅲ）変化に柔軟に対応できているか自己点検する

社会環境は変化し、実務家公務員に求められる技術力も変化してい
る。技術力を自己点検し、このままで変化についていけるのか自覚が重
要である。そして、今さら変化にはついていけないと諦めるのではな
く、学習し続けることが重要である。

ⅳ）組織の実行力を高めることを意識する

リーダーである自分の考え方が組織の実行力に大きく影響する。同時
に、組織全体の経営、マネジメントを考えなければならない。自分の下
にいる中間管理者を育てることも極めて重要である。

ⅴ）部下に任せる…やってみなはれ

自分が常に表に出たい、目立ちたいタイプをしばしば見受ける。管理
型で、部下のやることをいちいち否定する者も少なくない。部下に自由
に動いてもらう、これを心掛けたい。(注)

vi）社会、組織、後輩に何かを残す

　これまでは、上司の出す方針に従い、受け身で技術力を発揮していけ
ば、ある程度結果は残せた。また、これをやりたいと思っても、上司の
制約があり、なかなかできなかったこともあろう。定年までもう10年を
切っている。守りに入って、何も冒険せずにいるよりは、やれなかった
ことに挑戦したい。公務員になったのは、社会に何か貢献したかったか
らではないだろうか。

　（注）自分がリーダーとなって新しい取り組みをし、成功した人の中には、いくつに
　なっても「自分がリーダーとなって……」と思う人がいる。次の時代は、次の時代を
　生きる人がリーダーとなって取り組んでいくべきである。次の時代の人が自分では想
　像もできなかったような新たな価値を生み出すことができるような礎づくりを意識
　し、そうなった結果を素直に喜びたい。

> **column**
>
> ## 「延命治療」を親に強いるのは圧倒的に50代息子が多い理由

⑱で、「人はなぜそう反応・行動するのか、その根源を考える」ことの重要性を述べた。下記の小澤院長の分析は、この好例だろう。50代ともなると親を看取る時期だ。そのときの自分の反応を考える参考になる。仕事上でも「自分がうまくできていないという負い目があるから、つい頑張ってしまう」という状況にも通じるように思う。(㉞を参照)

以下は、木原洋美氏の記述からの抜粋である。

(出典：https://diamond.jp/articles/-/143050　木原洋美：医療ジャーナリスト)

「本人が望まない延命を、どうして子は望んでしまうのだろうか」

(小澤竹俊、めぐみ在宅クリニック院長　談)

「傾向としては、お嫁さん任せで、なかなか介護にコミットしなかったご長男、あるいは遠方に住んでいて、施設任せできたような家族に、そういう治療を望むケースが多いですね。

それまで親と、きちんと向き合えていないから、いざその時が来た時に、子どもとしての覚悟が全くない。だから右往左往し、本人が決して望まないことを強制する。子どもとして、今まで向き合ってこなかった分、これから何とかしたいから、最善という名の下、望まない延命治療をさせてしまう、というのがよくあるストーリーです。

本人にとっての幸せよりも、延命治療して長生きさせることで、自分は最善を尽くしたという、やりきった感が得たいのではないでしょうか」

> ⑥⑨60代で心掛けること：60歳は、まだ壮年盛期。まだまだこれ
> から、やれることはたくさんある。

　現在、ほとんどの実務家公務員は60歳の定年まで退職することなく、
仕事を続ける。今後、定年はさらに延長されよう。人材の確保・活用の
点で、60歳以上の就業は重要になる。
　実務家公務員として積み上げた技術力は、社会問題の解決のための重
要な資源である。その資源が役に立つ場は行政機関勤務を離れた後も、
社会にはいくらでもある。自分の知見を生かしてできることは何だろう
かと考え、ぜひ、積極的に社会に出て活躍し、さらに人生を楽しんでい
ただきたい。
　参考として示したのは、川勝平太静岡県知事提唱の「ふじのくに型人
生区分」である。60歳は、まだ壮年盛期である。

参考 ふじのくに型「人生区分」

呼　称		年齢区分	説　明
老年	百寿者	100歳以上	白寿後（100歳）以上 茶寿（108歳）、皇寿（111歳）含む。
	長　老	88-99歳	米寿（88歳）・卒寿（90歳）から白寿（99歳）まで
	中　老	81-87歳	傘寿後から米寿前まで
	初　老	77-80歳	喜寿（77歳）から傘寿（80歳）まで
壮年	壮年熟期	66-76歳	経験を積み、様々なことに熟達し、社会で元気に活躍する世代（働き盛り）。
	壮年盛期	56-65歳	
	壮年初期	46-55歳	
青年		18-45歳	社会的・生活的に成長・発展過程であり、活力みなぎる世代。
少年		6-17歳	小学校就学から選挙権を有するまでの世代。
幼年		0-5歳	命を授かり、人として発達・発育する世代。

> **番外編：○○○○○○○は、あなたが蓄積していく欄「あなたの
> ページ」**

　本書は、主として筆者の仕事の範囲での技術力を、日々書き直し、書
き足し、まとめたにすぎない。それぞれの実務家公務員が、自分が気付
いた技術力を書き留め、蓄積していくことが、その人の技術力の向上に
つながっていく。個人の能力には偏りがある。ある部分では教える立場
でも、全体としては学ぶことの方が圧倒的に多い。日々勉強。教える側
に立ったと思った瞬間に進歩は止まってしまう。私自身も蓄積を続けた
い。

第**8**章

おわりに

　本書は、もともとは、仕事の仕方、技術力について自分の頭の整理としてまとめ、日々書き足してきたものである。それを印刷物の形で出すべきと思ったきっかけは、主に次の3つである。

①この内容の一部を勉強会などで示したところ、好評だったが、勉強会では一過性に終わりやすいことと、伝わる人数が少ない。

②若手の実務家公務員たちとの勉強会で、自分磨き、技術力の向上について、思い悩む人たちが多いことを実感した。

③国土交通省東北地方整備局の「東日本大震災の実体験に基づく災害初動期指揮心得」を読み触発された。同書は内部資料であるが、対外秘ではない。「経験の共有」とともに「反省点」が書かれている。内部の反省点をさらすことは、その程度の組織、その程度の思考かという評価を受けてしまう可能性がある。それでも、あえて「公得」としてまとめ、多くの人が同じところで悩み、つまずき、失敗することを減らしたいと公開している。さらに上を目指す議論、取り組みを期待する姿勢にも感銘を受けた。

　「はじめに」で述べた通り、本書の狙いもそこにある。その程度かと酷評されても、これが1つの踏み台となって、この分野での議論や取り組みが進むことを望む。

　本書の原稿は、2018年5月15日、静岡県副知事としての4年間の任期の満了日に、仕上げた。川勝平太静岡県知事および日々の仕事を通じ「技術力」についての議論と意見交換に付き合ってくれた同僚職員、ならびに、様々な形でご指導・ご助言・ご協力をいただいた多くの皆様に心から感謝申し上げます。

（参考）　実務家公務員の役割と技術の事例…国家公務員として

　筆者が携わった「羽田空港の第四滑走路（通称Dラン）の増設等による羽田空港の航空機の発着容量の増大事業（正式事業名：東京国際空港再拡張整備事業）」を例にして、実務家公務員の仕事の大事さを示したい。（ランはランウェイ＝滑走路）

　このDラン事業は、滑走路を増設することが目的ではない。2000年頃、羽田空港は、ABCの3本の滑走路で航空機の発着を処理していたが、容量は限界状態で、新規就航したいという航空会社の要望に応えられなかった。いわば人の移動を制限していたわけで、これが「社会問題」である。解決のため、事業が企図され、滑走路増設という手段により、発着容量を増大し、「乗降客数を増やすこと」と「利用者の利便性を高めること」を目指した。近年、海外からの訪日客（インバウンド）の増大が経済活性化の切り札となっているので、滑走路増設の重要性は容易に理解できよう。

　1本の滑走路を増設するだけで7000億円以上かかる大事業だが、その効果は絶大である。いわゆる社会的便益は、年間1000億円以上、1日3億円に上る [注1]。この実施を決めた政治判断・行政判断に大いに敬意を表したい。

　しかし、増設には様々な難題が存在した。滑走路の増設位置は、多摩川河口付近の海上だが、すぐ沖合には、大型船が頻繁に通行する航路がある。海底下は何十メートルもの軟弱地盤が存在する。また、多摩川河口は、流れてくる栄養分が豊富で、多くの生き物の絶好のすみかとなっている。多くの魚が産卵し、小さな魚が育ち、東京湾に広がる。滑走路の設置は、周辺海域のみならず、東京湾全体の生物の生息環境、漁業環境に大きく影響する恐れがあった。

　このように、本事業は、実施上の制約条件が厳しい海域で幅100メートル、長さ4,000メートルに及ぶ大規模な構造物を設置するものである。設置位置の選定、構造物の設計と建設上の困難さに加え、環境や漁業への影響をできるだけ回避するための大きな困難が伴っていた。これ

第8章　おわりに　　265

もまた「社会問題」である。

　様々な問題を解決し、事業の実施を可能にすることが、実務家公務員の仕事である。

　筆者は2006年4月、国土交通省関東地方整備局港湾空港部長を命じられた。最大の使命は、環境アセスメントなどの法定手続きの適切な実施と、漁業者等の利害関係者の理解を得た上で、Ｄランの工事に着手し、1日も早く供用することであった。事情があって、7000億円の建設事業全体を設計・施行一括発注するという、特殊な契約・発注方法が取られた。(注2)

　まず、国（国土交通省）がコンペの形で事業実施希望者（いわゆるゼネコン等の建設事業者）に対して構造・工法（海面埋め立てか、浮体構造かなど）を公募し、応募のあった提案内容を技術・価格の両面から評価し、最良の工法と実施事業者を選定する。選定事業者と国は、さらに、設計法や建設方法を技術的に詰めて、工法と概略工事費を確定する。建設事業者との工事契約後に、国が環境アセスメント等の法定手続きの実施や利害関係者の同意を得るための交渉へと進む。

　問題は、この方式では利害関係者とあらかじめ調整することなく設置場所や工法を決め、さらに工事契約によってその方法での事業実施を決定した後で、利害関係者と交渉を行うことにある。

　例えてみれば、「私はこの場所に30階建てのマンションを建設することにしました。近隣の日照などに影響が生じる恐れがありますが、すでに30階建てで建設することで建設会社と契約しました。早急に工事を開始したいと思います。何か問題があれば対応します」というようなものである。

　ともあれ、2006年3月末に、国は15社で構成される共同事業体（ＪＶ）と7000億円の工事契約を締結し、筆者はその直後の4月に人事異動でこのプロジェクトの実務責任者として就任した。

　使命は、「遅くとも1年以内に、法定手続きを終え利害関係者の同意を得て、工事に着手せよ」というものだった。

　工事方法の検討は、高度な科学技術力が求められるが、これは発注

者・受注者・外部専門家の間で行われる、いわゆる「計算可能領域」の検討である。一方、利害関係者との調整は、相手方の思いや感情などが絡み、こちらの計算通りにはいかない。特に、今回の国（事業者）のやり方は、工事の実施契約を建設事業者と済ませた後、環境影響評価や漁業者などの利害関係者との調整・交渉を行うというものである。環境影響を懸念する人や漁業者からみれば、理解し難いを超えて"とんでもない"ことである。事業者のやり方は「影響がどのくらいあるかは分からないが、恐らく、影響は極めて軽微で皆さんの受忍限度内であると思う。もし影響が大きければ代償・代替措置を行う、これで理解せよ、同意せよ」という姿勢に映ったことだろう。利害関係者との調整は早期着工に当たっての最大の課題となった。

　漁業者は何の事前相談もなく、いきなり工事実施を決めたことに憤っている。特に、東京湾内で漁業する約6,000人を代表する千葉県漁業協同組合連合会（千葉漁連）は怒っていた。話し合いは、ゼロからではなく、"行政に対する怒りと不信"というマイナスからのスタートだった。交渉でも調整でも、相手に会わなければ話が始まらない。しかし、相手方は面談拒絶である。最初に会えたのは6月になってから。千葉漁連の安室宏会長の第一声は、「これまで国土交通省などが行ってきた一連の埋立工事や橋の建設によって、東京湾の環境が大きく悪化したが、あなたはその国土交通省の責任を認めるのか」だった。私は即座に「認めます」と答えた。それで、安室会長の顔色が変わった。「こいつは逃げない。責任回避しない」と思ってくださったようだ。その後の詳細なやりとりは省略するが、面談の後、筆者は利害関係者の思いや感情を考慮し、以下の2つの方針を定めた。

ⅰ）着工とその後の工事の円滑な実施においては、利害関係者の理解が必要不可欠である。最難関の東京湾の1万人に近い漁業者の同意を1日も早く得る（このような交渉の難しさをよく知っている人は、着工まで早くて3年、長引くと5年と言っていたが、結果として2年となった）。

ⅱ）漁業者や環境保全を重視する人に対して、その思いを理解し、事業

や事業者に対する不信を残すことなく、むしろ、東京湾の環境再生を協働で取り組もうという共通認識をつくる（その後、実際に協働の取り組みが行われている）。

前者が「社会問題の解決」、後者は「新たな価値の創造」といえる。

前者については、漁業の継続とDランの供用とどちらか大事かという強い声が行政関係者にあり、「漁業者の反対には理がない。強引に工事に入るべし」との意見さえあった。しかし、そうなると、工事中も、工事後も何かにつけて両者間でトラブルが起きる。結果として、工事の完成、供用開始が遅れる可能性が極めて高い。まして、東京湾環境再生の協働には成り得ない。

そこで、利害関係者との調整の行動指針を次の通りとした。これも「考え方」である。

ⅰ）利害関係者との人的信頼関係をつくる。

ⅱ）情報を開示し、事業の社会的重要性を利害関係者とともに共有した上で、事業によって生じる環境への影響（リスク）について、徹底したリスクコミュニケーションを行う。

ⅲ）事業により部分的には環境に影響が生じることを認め、それを補うためにミチゲーション（ある場所の環境悪化を、他の場所の環境改善で補う）を行う。

ⅳ）それでも補えない損失を金銭補償する。

ここで「考え方」の重要性が分かる。

利害関係者との調整は、影響に対する「補償交渉」ではない。「どのように影響が生じ、どのようにすれば影響を最小化することができるかを話し合い、まず、影響を最小化するというリスク回避努力を行った上で、どうしても影響が生じる部分を金銭的に補償する」というリスクコミュニケーション（リスクに関する対話）である。

途中の対話の経過は省略するが、当初は、漁業者全員が事業には反対であり、強硬な反対者も多かった。対話を重ねた末、千葉漁連はDラン事業についての千葉漁連としての賛否を決定するため、実質的な交渉開始から1年半後の2008年2月、関係する24の漁業協同組合の組合長24名

による会合を持つことになった。最後まで強硬に反対する数名の組合長がいたが、通常は、会の全員合意で決定する賛否を今回は千葉漁連の安室会長が、多数決の形を取り、連合会（漁連）として賛成との決定を行ってくれた。前述のⅰ）～ⅳ）考え方とそれに基づく国の関係者の誠意と行動を認めてくださったものと理解している。(注3)

　もし、「金額で交渉して、時間内に折り合わなかったので、強制着工する」という考え方を取っていたら、どんな結果になっていただろうか。国と漁業者の間に大きな心の溝ができ、本工事が円滑に進まないだけではなく、その後も長く禍根を残すことにもなったろう。まして、東京湾の環境再生への協働は望めない。

　もちろん、ああすればもっと早く解決できたのではないかという反省もある。しかし、上司、自分と同僚、そして国土交通省や千葉県庁、東京都庁等のありがたい協力者・支援者、そして千葉漁連の安室会長（当時）らの協力があったからこそ、成し遂げることができたのである。

　関係者との合意形成は、地味な「実務」である。合意を得て当たり前で、その合意は一連の事業の１つのプロセスに過ぎない。工事完成後は、その努力は過去のこととなり、すぐに忘れ去られる。しかし、同意を得るまでの時間と内容の社会的影響は大きい。そこには技術力が必要となるのである。ここに、実務家公務員として矜持を持ちたい。

　今になって、「Ｄランの供用開始時期は、利害関係者との合意形成の遅れが響いた」との公式説明が行われている。しかし、当初予定では、（早くても３年と言われるような時間を要する見込みの）利害関係者との合意形成を、あり得ない１年間で行うとして供用開始時期が設定されていたのが実態である。３～５年間を２年間（実質１年半）で行い、供用開始時期を早めたという自負が現場で実務に当たった者たちにはある。さらに、着工後、建設現場は１日でも工期を短縮すべく、大変な努力を重ねた。供用開始の遅れの真の理由は、先に述べた特殊な発注方法を取らざるを得なかったことによる。その遅れを現場が取り戻した。酷暑・極寒の中、早期に完成させようと頑張ってくださった建設事業者、建設従事者の皆様に感謝している。それでも、遅れは対外説明上は“現

第 8 章　おわりに　　269

場のせい"とされてしまう。実務家公務員として矜持があっても、気持ちとしては何ともつらいところがある。

　この事例をもって実務家公務員の考え方や役割の重要性をご理解いただければ幸いである。

（注1）2015年に国土交通省が行った同事業の「事後評価」によれば、同事業の総費用（社会的割引率で割引後の総費用。計算上、事業費7300億円に比べて総費用は割引ではなく割増となる）は9844億円、総便益（同割引後。総便益は直接発生する便益より割引となる。算定期間は建設期間7年＋供用後43年間の計50年間）は4兆1296億円とされている。
（注2）通常は、まず事業者である国（国土交通省関東地方整備局）が設計コンサルタントなどを活用しながら工事方法（工法）を検討・決定する。この段階で、環境アセスメントや埋立認可などの法的手続きと、利害関係者との調整を始める。これらの手続きや利害関係者の同意が得られた後、その工法で工事を行う建設事業者を選定し、着工する。通常、建設事業者への発注は、多年度にわたり、多数に分割発注される。
（注3）多数決の後は、反対していた組合長も「俺たちは決まったことには従うよ」と、気持ちよく、対話に応じてくれたことに感謝したい。

■著者紹介

難波　喬司 (なんば　たかし)

1956年、岡山県生まれ。1981年、名古屋大学大学院工学研究科修了、運輸省入省。港湾局、運輸政策局、観光部、在パナマ日本国大使館、茨城県庁などに勤務。2014年、国土交通省技術総括審議官を最後に退官。2014〜2017年、京都大学経営管理大学院客員教授。2015年〜2017年、慶應義塾大学特任教授（大学院政策・メディア研究科）。2014年5月から静岡県副知事。博士（工学）。

「新たな価値の創造・共創」の時代の
実務家公務員の技術力

＊

2018年11月2日　初版第1刷発行

著者・発行者　　難波喬司
発売元　　　静岡新聞社
〒422-8033　静岡市駿河区登呂3-1-1
電話　054-284-1666
印刷・製本／藤原印刷

＊

●定価はカバーに表示してあります
●乱丁・落丁本はお取り替えします
Ⓒ Takashi Nanba 2018 Printed in Japan
ISBN978-4-7838-9980-8　C0036